Ranka Keser

111 Orte in Kroatien, die man gesehen haben muss

111

emons:

Bibliografische Information der Deutschen Nationalbibliothek
Die Deutsche Nationalbibliothek verzeichnet diese Publikation in der Deutschen Nationalbibliografie; detaillierte bibliografische Daten sind im Internet über http://dnb.d-nb.de abrufbar.

MIX
Papier aus verantwortungsvollen Quellen
FSC® C083411
FSC
www.fsc.org

© der Fotografien: Ranka Keser, außer:
Ort 15, 83, 97: Ivan Čorić, www.ivancoricphoto.com;
Ort 18: shutterstock.com/ninopavisic; Ort 22: shutterstock.com/lero;
Ort 39: shutterstock.com/Kurt De Schuytener;
Ort 73: Filip Mrvelj, www.3dfilip.com;
Ort 76, oben und unten: shutterstock.com/Jelena990
Layout: Eva Kraskes, nach einem Konzept
von Lübbeke | Naumann | Thoben
Kartografie: altancicek.design, www.altancicek.de
Kartenbasisinformationen aus Openstreetmap,
© OpenStreetMap-Mitwirkende, ODbL
Druck und Bindung: CPI – Clausen & Bosse, Leck
Printed in Germany 2019
ISBN 978-3-7408-0557-9
Originalausgabe

Vorwort

Kroatien – das Land der 1.000 Inseln. So wird es häufig bezeichnet. Kristallklares Wasser und Strände, die regelmäßig mit der Blauen Flagge ausgezeichnet werden. Und doch ist Kroatien so viel mehr als das. Ja, natürlich zählt es zu den wasserreichsten Ländern der Welt. Hier findet man Seen, Bäche, Flüsse und Wasserfälle inmitten idyllischer oder wilder Natur. Aber nur für einen Strandurlaub allein ist Kroatien einfach zu schade, denn man kann hier auch bestens wandern, Sport treiben, die kleinen Orte erkunden oder einen der vielen Weinberge oder die Höhlen besuchen.

Es ist aber auch das Land einer alten Kultur mit bewegter Geschichte, in dem man Festungen, Burgen und Schlösser findet. Das Land der Mythen und Legenden, des guten Essens und des hervorragenden Weins. Das Land der Olivenhaine und Sonnenblumenfelder. Der Reichtum der Flora und Fauna ist überwältigend. Die Kroaten lieben ihre Tiere und die Natur, weshalb man hier die besten Bioprodukte findet.

Und nicht umsonst wurden in dem Land unzählige Filme gedreht, es bietet einfach eine der schönsten Kulissen. Die Möglichkeiten sind groß und das Angebot mannigfaltig. Man wird Wunderschönes entdecken, aber auch Witziges, Rührendes und Sprödes. Dabei merkt man auch, wie kreativ und widersprüchlich Kroatien manchmal ist. Traditionell und cool, beschaulich und quirlig, all das steckt im Gesamtpaket. Es zerschlägt jedes Klischee. Auch das, was nicht so recht hineinpassen mag, passt aus irgendeinem Grund hervorragend hinein.

Ranka Keser

111 Orte

1 Das Türkische Haus

Eine romantische und eine brutale Legende

Bakar wurde in der Antike auf einem Hügel erbaut, die historische Altstadt gilt seit 1968 als Kulturdenkmal. Und auch wenn das Türkische Haus mit seiner orientalischen Architektur so gar nicht ins mediterrane Bild passen will, gehört es doch unweigerlich dazu. Es erfüllt das Städtchen sogar mit Stolz, weil es immer wieder als Motiv für Maler diente, auch heute noch. Weshalb es auch als »Haus der Maler« bezeichnet wird.

Wann das Gebäude erbaut wurde, kann nur grob geschätzt werden. Ende des 14. oder Anfang des 15. Jahrhunderts soll es gewesen sein. Wer der Hausherr war, weiß man ebenfalls nicht. Aber wofür gibt es schließlich Legenden? Über das Türkische Haus gibt es sogar zwei.

Die eine erzählt von einem Matrosen aus Bakar, der mit dem Schiff in Konstantinopel anlegte, sich dort in eine Türkin verliebte und sie mit in seine Heimat nahm. Bald musste er wieder zur See fahren. Sie blieb allein in Bakar, fühlte sich einsam und litt entsetzlich an Heimweh. Als ihr Mann wieder zurück war und erkannte, wie sehr sie die Sehnsucht nach ihrem Zuhause quälte, baute er für sie ein Haus, das denen in ihrer Heimat ähnelte. Eine schöne Geschichte. Möglich ist aber auch, dass ein Seefahrer auf seinen Reisen diese Architektur entdeckt hat, Gefallen daran fand und sie nachbaute – ohne sich verliebt zu haben.

In einer anderen Legende heißt es, ein Seefahrer aus Bakar habe eine nörglerische und herrschsüchtige Frau gehabt. Immer wieder soll sie zu ihm gesagt haben, dass sie drei der vier Ecken des Hauses halte – eine kroatische Redensart, die veranschaulichen soll, dass eine Frau über Haus und Familie waltet. In seiner Wut darüber ließ er das Haus nach einem Streit abreißen und baute ein neues, diesmal ohne Ecken. So oder so: Es scheint wohl eine Frau gewesen zu sein, die den Anstoß zum Bau dieses ungewöhnlichen Hauses lieferte.

Adresse Turska kuća, Ulica Turan, 51222 Bakar | **ÖPNV** von Rijeka mit den Buslinien 27 oder 29, in der Nähe der Busstation und der Bucht führen mehrere Treppen nach oben, Richtung Kastell gehen (Fahrplan unter www.autotrolej.hr/linije, nach unten scrollen und auf 27 oder 29 klicken) | **Anfahrt** auf der D 8 kommt man direkt nach Bakar, der Weg ist beschildert | **Tipp** Es gibt auch ein Römisches Haus (Rimska kuća). Der Bauherr ist auch hier nicht bekannt, jedoch wird angenommen, dass dies im 18. Jahrhundert ein Nonnenkloster war (Ulica Mornarska, vom Türkischen Haus die Treppen nach oben Richtung Kastell gehen).

2 Die ausdrucksstarken Fresken

Große Kunst in kleiner Kirche

Viele Touristen kommen nach Bale. Die meisten interessieren sich in erster Linie für den Palast Soardo-Bembo. Manche zieht es auch hierher, um auf den Spuren Casanovas zu wandeln. Casanova reiste zwischen 1743 und 1747 mehrmals nach Bale, spazierte durch die Gassen – und hatte angeblich eine Affäre mit einer Dame des Hauses Soardo. Zu größerem Bekanntheitsgrad kam Bale schließlich durch Funde von Dinosaurierknochen im Jahr 1992. Die Kirche des Ortes, die Crkva Pohođenja Blažene Djevice Marije, wird ebenfalls oft besichtigt. Doch da ist noch ein kleines, von außen sehr bescheiden aussehendes Gotteshaus, an dem viele einfach vorbeigehen: Crkva Svetog Duha, die Heiliggeistkirche. Im Gegensatz zu den meisten anderen kleinen Kirchen in Istrien muss man hier niemanden nach dem Schlüssel fragen, in der Regel ist tagsüber geöffnet.

Erbaut wurde die Crkva Svetog Duha im 15. Jahrhundert im Stil der Spätgotik. Nichts Pompöses hat sie an sich, ohne den Glockenturm würde sie wie ein privates Steinhaus aussehen.

Die ausdrucksstarken Fresken im Inneren sind das Werk des Künstlers Albert von Konstanz am Bodensee und stammen aus der zweiten Hälfte des 15. Jahrhunderts. Leider hat die Zeit ihre Spuren hinterlassen, sie sind nicht vollständig erhalten geblieben. Dargestellt sind unter anderem »Das letzte Abendmahl«, »Das Leben Christi«, »Der Kindermord von Bethlehem« und »Die Flucht nach Ägypten«. Es finden sich in mehreren Kirchen Istriens Fresken dieses Künstlers. Inspiriert wurde er von deutscher und tschechischer Kunst sowie der venezianischen Blumengotik. Besonders der große Detailreichtum zeichnet dieses Meisterwerk aus. Über den begnadeten Künstler Albert von Konstanz ist kaum etwas bekannt. Biografisches ist nicht erhalten – dafür aber beeindruckende Fresken wie diese in Bale.

Adresse Crkva Svetog Duha, Bembo 7, 52211 Bale | **ÖPNV** von Rovinj aus verkehren werktags stündlich, am Wochenende mehrmals täglich Busse (Fahrplan und Tickets www.getbybus.com) | **Anfahrt** D 21 nach Bale, vom Palast Soardo-Bembo circa 30 Meter in südöstliche Richtung gehen; die Adresse der Crkva sv. Duha ist mit Bembo angegeben, doch findet man sie auch problemlos an der Ulica San Zuian (neben Hausnummer 4) | **Öffnungszeiten** täglich tagsüber | **Tipp** Der kleine Ort Bale hat eine Sporthalle, die architektonisch in Barcelona überzeugt hat: In der Kategorie Sportobjekte gab es 2008 dafür den ersten Preis (Ulica San Ziuan, 30 Meter Richtung Osten gehen, dann rechts und gleich wieder links).

3 Der Kubus

Ein Straßenbau-Denkmal mit spektakulärer Aussicht

Wenn man schon mal in Karlobag ist, sollte man die kurvenreiche Straße nach Baške Oštarije beziehungsweise Oštarijska vrata hochfahren. Der circa 18 Kilometer lange Abstecher führt durch einen besonders schönen Streckenabschnitt. In Baške Oštarije liegt der Pass des Velebit-Gebirges auf einer Anhöhe von über 900 Metern. Hier verläuft die Grenze zwischen dem mittleren und dem südlichen Velebit. Baške Oštarije ist ein kleiner Ort mit nur 16 bewohnten Häusern. Waren es Anfang des 20. Jahrhunderts noch etwa 400 Menschen, die hier lebten, so ist die Zahl bis zum Jahr 2011 auf gerade mal 30 geschrumpft.

Noch während die Straße Gospić-Karlobag in den Jahren 1844 bis 1850 ausgebaut wurde, setzte man ihr zu Ehren schon mal ein Denkmal, nämlich im Jahr 1847, in Form eines Würfels. Verantwortlich für den Ausbau war der Ingenieur Josip Kajetan Knežić, unter dessen Führung die 36 Kilometer lange Straße angelegt wurde. Die Anfänge der Verbindung Gospić–Karlobag liegen bereits im Jahr 1750, 1964 wurde sie für den modernen Straßenverkehr asphaltiert. Die heutige D 25, die mit einer Länge von 83 Kilometern von Korenica bis Karlobag führt, gehört zu den schönsten Straßenrouten in Kroatien.

Das Denkmal, jener unübersehbare Würfel, trägt gleich mehrere Namen. Er wird »Kocka« (Würfel), »Ura« (regional für Uhr, wegen einer ehemaligen Sonnenuhr) oder »Kubus« genannt, Lateinisch für Würfel. 38 Steinstufen führen von der Straße nach oben. Der Kubus steht auf vier Kugeln, die wie der Würfel selbst aus Stein gemeißelt sind. Der Weg lohnt sich, besonders natürlich wegen der wunderschönen Aussicht. Oben angekommen, blickt man zu einer Seite auf karstige grüne Hügel, auf der anderen Seite auf die Insel Pag – und aufs Meer. Die Umgebung lädt zu einem Spaziergang ein, besonders in nördlicher Richtung.

Adresse 53228 Baške Oštarije | Anfahrt von Karlobag auf der D 25 sind es circa 15 Kilometer, noch vor dem Ortsschild Baške Oštarije sieht man den Würfel auf einem Berg, auf der rechten Seite | Tipp Von Baške Oštarije führt der Wanderweg Terezijana bis zum Dorf Konjsko. Die Strecke ist drei Kilometer lang, und man hat auch von dort einen Ausblick aufs Meer (D 25 in südöstliche Richtung nach Baške Oštarije fahren und dort rechts abbiegen. der Wanderweg ist auf der Hauptstraße mit »Terezijana« ausgeschildert).

4 Die Šarena jezera

Oben bunt, unten mysteriös

Im Sommer tummeln sich hier die Anwohner der näheren Umgebung auf der Suche nach Abkühlung und um sich zu sonnen. Hauptsächlich die jüngeren Generationen toben sich hier aus, denn der nächste Meeresstrand ist mit dem Auto eine Stunde entfernt. Für die meisten ist so ein Ausflug nur am Wochenende möglich. Die Region ist reich an Wasser, ein großer Vorteil für die hiesige Landwirtschaft. Es gibt mehrere Seen und viele Quellen – und nicht zu vergessen den Fluss Krka, der durch eine pittoreske Landschaft fließt. Der Bekanntheitsgrad dieses Flusses hat sich durch den Nationalpark Krka erheblich gesteigert.

Die Šarena jezera bestehen aus mehreren kleinen und einem großen See. Die Tiefe des großen Sees beträgt durchschnittlich elf Meter, es wurden aber auch schon einige Meter mehr gemessen. Groß ist das Areal nicht, aber schön anzusehen und ein nettes Plätzchen zum Sonnenbaden zwischendurch. Šarena jezera kann in der Übersetzung »bunte Seen« bedeuten, doch verdankt es den Namen wohl eher dem Šaran (Karpfen). Diese Fischart ist hier am häufigsten zu finden.

Aber auch weniger Lebendiges soll am Grund des Sees liegen. Das erzählte man sich in früheren Zeiten zumindest hinter vorgehaltener Hand. Durch die Jahrhunderte soll hier nämlich auch die eine oder andere Leiche entsorgt worden sein … in Zeiten von Kämpfen und Schlachten. Ob hier auch Opfer von Geldgier und enttäuschter Liebe ihre letzte Ruhestätte gefunden haben, weiß nur der See allein. Möglicherweise gründen die Geschichten auch auf alten Lagerfeuerstorys.

Ob der Name der Seen nun durch den Fisch oder den Farbreichtum entstanden ist – durch die Seen, den Himmel und die sattgrüne Umgebung vermischen sich an diesem kleinen Ort viele Nuancen. Auch für diejenigen, die hier nicht länger verweilen möchten: für ein schönes Erinnerungsfoto taugt es allemal.

Adresse Šarena jezera, 22300 Biskupija | **Anfahrt** von Knin aus in nördliche Richtung fahren, auf Ulica kralja Tomislava, rechts abbiegen auf Ulica Domovinskog rata und immer geradeaus, weiter auf D 1, Beschilderung nach Biskupija folgen, auf der rechten Seite (noch vor dem Ort Biskupija) die Straße nach unten fahren | **Tipp** Im Ort Crkvina finden sich Überreste einer Basilika. In der Nähe fand man Gräber mit Schmuck, Waffen und Geldmünzen (die Straße Richtung Biskupija circa 3,5 Kilometer weiterfahren, bei der Beschilderung Crkva naše Gospe links abbiegen.)

5 Der rautenförmige Park

Viele Namen, eine Affäre und ein größter Steinpavillon

Auch wenn das Stadtgebiet schon viele Jahre zuvor besiedelt war, entstand Bjelovar offiziell erst 1756. Kaiserin Maria Theresia ließ es als militärischen Stützpunkt der »Krajina« (Militärgrenze) errichten. Auf dem Areal des heutigen Parks wurden schon bald Bäume gepflanzt, aber ein richtiger Park sollte es erst hundert Jahre später werden. Der Platz wechselte innerhalb von 230 Jahren mehrmals seinen Namen, je nachdem, wie die politische Situation war und wer in Kroatien schaltete und waltete. So hieß der Platz unter anderem Paradeplatz und Trg Marije Terezije, wurde zeitweise aber auch nach einem serbischen König und einem kroatischen Faschistenführer benannt. Zu Zeiten Jugoslawiens hieß er »Platz der Brüderlichkeit und Einheit«. Heute ist er nach dem Politiker Eugen Kvaternik benannt, der im 19. Jahrhundert Kroatiens Unabhängigkeit von den Habsburgern anstrebte.

Bjelovar ist sehr lebendig. Viele Veranstaltungen, Messen und Theaterfestivals finden hier statt. Weil es leider nicht viele Touristen hierher verschlägt, hat die Stadt nur ein Hotel. Bekannt wurde Bjelovar auch durch die Bjelovar-Affäre: Kaiser Franz Joseph I. war zum zweiten Mal zu Besuch, gemeinsam mit dem späteren englischen König Edward VII. Der Kaiser rügte Bischof Strossmayer, weil er ein Glückwunschtelegramm nach Kiew geschickt hatte, zum Anlass der 900-jährigen Christianisierung. Der Bischof erwiderte, sein Gewissen sei rein, und wandte sich vom Kaiser ab. Ein Skandal! Diese Begegnung geschah im heutigen Stadtmuseum, im ersten Stock. Das Museum befindet sich am rautenförmigen Park, so wie auch Europas größter Steinpavillon von 1943, erbaut aus Marmor von der Insel Brač. Der Park wurde zweimal in Folge zum schönsten Park des kontinentalen Kroatiens gewählt. Was nicht erstaunt, wenn man durch die liebevoll gepflegten Blumenbeete geht, und auch der Pavillon passt hier perfekt dazu.

Adresse Trg Eugena Kvaternika, 43000 Bjelovar | **Anfahrt** auf den Straßen D 28 oder D 43 ins Zentrum von Bjelovar; wenn die Hauptstraße ihr Ende findet und in eine schmalere Straße übergeht, das Auto parken und über die zwei Querstraßen zum Park gehen | **Tipp** In der Konoba Feral kann man in rustikal-gemütlicher Atmosphäre gut essen. Schöne Terrasse, Inneneinrichtung aus Holz und Backstein. Besonders die Fischauswahl sollte man sich ansehen (Šetalište dr. Ivše Lebovića 9b, auf der Ulica Ivana Mažuranića 200 Meter geradeaus und dann rechts, nach 20 Metern rechts in den Hof gehen).

6__Das Kastellfenster

Wunderbarer Blick auf die Učka

Nach diesem Kastell muss man nicht suchen, denn man fährt direkt darauf zu. Es steht hoch auf einem Berg, so wie der ganze Ort. Erbaut wurde es zwischen dem 11. und 17. Jahrhundert. Während des späten Mittelalters und der Neuzeit diente das Kastell den Menschen bei politischen Unruhen als Refugium. Wenn man durch das Fenster schaut, das sich auf der linken Seite befindet, hat man einen wunderbaren Ausblick auf das Tal Boljunsko polje (Boljun-Feld) und auf das Gebirgsmassiv Učka.

Boljun wurde erstmals 1102 erwähnt. Die Einwohner beschreiben ihr Zuhause als »weder Stadt noch Dorf«, was etwas für sich hat. Boljun steht nicht bei vielen Touristen auf der Liste, völlig zu Unrecht, denn auch wenn der Ort nicht groß ist, ist er definitiv einen Besuch wert. In Kroatien wird Boljun gelegentlich als eine Art Geheimtipp beschrieben, den es zu entdecken gilt. Tatsächlich birgt Boljun historische Schätze, wenn auch auf kleiner Fläche. Umso erstaunlicher, dass es 1983 im Film »Höllenjagd bis ans Ende der Welt« ausgerechnet China (!) darstellte.

Vor Ort wurde die Glagoljica lange gepflegt, Boljun war sogar eine Art Zentrum der Glagoljica. Diese altslawische Schrift wurde in Kroatien angewendet, bevor man allmählich zur lateinischen Schrift überging. In der Kirche Svetog Kuzme i Damjana sieht man einen glagolitischen Schriftzug aus dem Jahr 1543 an der Wand der Sakristei. Die Kirche stammt aus dem 12. Jahrhundert und befindet sich am Ortseingang. Im nördlichen Teil steht die Loge, in der sich einst Pfarrer und Richter berieten. Hinter der Loge liegt die ehemalige Getreidekammer. Die Einwohner mussten ihre Bürgerpflicht gegenüber den Gutsherren erfüllen, indem sie einen Teil ihrer Erträge hier abgaben.

Es gibt noch weitere kleine und große Dinge in Boljun zu entdecken, auch außerhalb des Stadtkerns, wie zum Beispiel auf der Westseite die Überreste einer Kirche und den Waschbrunnen.

Adresse 52434 Boljun | **Anfahrt** D 500, Wegweisern folgen und den Berg nach Boljun hochfahren, am Kastell kann das Auto geparkt werden, links um das Kastell herum und rechts durch den Eingang gehen | **Tipp** Links vom Eingang zum Kastell kann man sich in der Boljunska konoba stärken. Von hier aus hat man einen mindestens genauso schönen Ausblick. In dem rustikalen Ambiente findet man original istrische Spezialitäten (in der zweiten Junihälfte und Di geschlossen, ansonsten ab 15 Uhr und So ab 12 Uhr geöffnet).

7 Das alte Zentrum

Die Wiege des Strebens nach Unabhängigkeit

Das »Dom Sindikata« (Gewerkschaftshaus) im alten Zentrum von Čakovec wurde 1904 erbaut, im Wiener Jugendstil, auch Secessionsstil genannt. In Auftrag gegeben hat das Projekt ein Anwalt aus Čakovec, der Architekt war ein Ungar. Zunächst war es ein Treffpunkt der Händler, nach dem Zweiten Weltkrieg wurde es zu »Dom sindikata«. Heute ist hier die Vereinigung selbstständiger Gewerkschaften Kroatiens untergebracht, gelegentlich finden im Gebäude auch Veranstaltungen statt. Um die Ecke ist ein Café, neben dessen Eingang eine große Ahnentafel der Zrinskis zu sehen ist.

Nur 50 Meter westlich liegen die Altstadt, die Festung mit Stadtmuseum und ein imposantes Denkmal namens »Oproštaj« (Abschied). Es wurde für Petar Zrinski und Fran Krsto Frankopan errichtet, die am 13. April 1670 von hier nach Wien aufbrachen. Das Denkmal stellt Zrinski dar, der sich von seiner Gattin Katarina verabschiedet, daneben Frankopan. Zrinski entstammte einem kroatisch-ungarischen Adelsgeschlecht, Frankopan einem kroatisch-italienischen. Beide waren politisch und dichterisch tätig, und es gab noch etwas, das sie verband: die Liebe zum Vaterland und der Traum von der kroatischen Unabhängigkeit. Sie lehnten sich gegen die österreich-ungarische Herrschaft auf. Der Weg nach Wien kostete beide den Kopf, im wörtlichen Sinne. Am 30. April 1671 wurden sie in der Wiener Neustadt für ihre politischen Ideale mit dem Tode bestraft.

Zrinski und Frankopan sind eng mit der kroatischen Identität verknüpft. Ihr Enthusiasmus, sich gegen den Zentralismus aufzulehnen, war verfrüht, aber dennoch mutig. In Čakovec liegt die Wiege des Strebens nach Souveränität.

Im 13. Jahrhundert legte Dimitrus Csaky, ein Höfling von Béla (König von Ungarn und Kroatien), den Grundstein für die Burg. Nach ihm ist Čakovec benannt worden. Mehrere Besitzer walteten über die Burg, doch war das Adelsgeschlecht der Zrinski das prägendste.

Adresse Dom Sindikata, Trg Republike, 40000 Čakovec | **Anfahrt** D 3, Beschilderung Richtung Zentrum folgen, Parkplätze sind in Zentrumnähe problemlos zu finden | **Tipp** Die Region Međimurje kann mit einer atemberaubenden Natur aufwarten. Ein Ausflug in das circa 20 Kilometer gelegene Međerkin breg (bei Robadje) sollte man unbedingt einplanen. Einen wunderbaren Ausblick auf Međerkin breg hat man vom nahe gelegenen Ort Štrigova.

8 Die größte Kathedrale

Sieben Millionen Ziegelsteine

Đakovo wird das Herz Slawoniens genannt. Im Zentrum der Stadt steht eine Kathedrale in neoromanischem Stil, und allein schon wegen ihr sollte man nach Đakovo kommen. Bei der Anfahrt kann man sie bereits kilometerweit sehen.

Đakovo ist eine beschauliche, ruhige Stadt. Es gibt weder Hochhäuser noch laute Straßenmeilen. Inmitten dieser Beschaulichkeit steht die Kathedrale. Kathedrale des hl. Peter heißt sie offiziell, in Kroatien wird sie häufig Strossmayers Kathedrale genannt. Dass man dem Bischof Josip Juraj Strossmayer (1815–1905) besonderen Respekt zollt, merkt man nicht nur daran, dass man seinen Namen im gleichen Atemzug mit dem Gotteshaus nennt. Auch die Straße, an der sich die Kathedrale befindet, ist nach ihm benannt, genauso wie der hübsche Park in der Nähe. Bischof Strossmayer wurde in der Krypta der Kirche beigesetzt. Er hatte einen österreichischen Großvater, daher der Familienname, und war ein Patriot der sanften Art. Er hat viel für die kroatische Kultur getan, förderte Künstler und unterstützte Frauen in der Öffentlichkeit moralisch, um ihre Rolle in der Gesellschaft zu stärken. Er war es auch, der für den Bau der Kathedrale den Grundstein legte. Nachdem der Wiener Architekt Carl Roesner verstorben war, übernahm Hermann Bollé das Projekt.

Betritt man das Innere der Kathedrale, offenbart sich die gesamte Pracht, deren Einzelheiten man Stück für Stück erkunden muss. Es ist die hohe Decke mit dem kräftigen Blau, die sofort ins Auge sticht. 31 Skulpturen und 32 Reliefs gibt es zu bewundern. Die 43 Fresken sind das Werk des gebürtigen Münchners Maximilian Seitz und dessen Sohn Ludwig Seitz. Der Bau dauerte von 1866 bis 1882, somit gehört das Werk zur jüngeren kirchlichen Baukunst. Nach einem Brand 1933 und einem Erdbeben 1964 wurde die größte Kathedrale Kroatiens saniert. Im Fundament stecken 395 Baumstämme. Für die Errichtung wurden sieben Millionen Ziegelsteine verwendet.

Adresse Strossmayerov trg 6, 31400 Đakovo | **Anfahrt** ins Zentrum von Đakovo fahren, gute Parkmöglichkeiten findet man auf der Ulica Matije Gupca östlich der Kathedrale | **Öffnungszeiten** täglich 6.30–12 und 15–19.30 Uhr | **Tipp** Pferdeinteressierte können das Gestüt Ergela besuchen. Pferde haben in dieser Region eine große Rolle gespielt, bedingt auch durch ihre Rolle in der Landwirtschaft. Die Queen war auch schon auf diesem Lipizzaner-Gestüt zu Gast (Ulica Augusta Šenoe 45, von der Kathedrale aus 800 Meter in östliche Richtung gehen, Infos unter www.ergela-djakovo.hr).

9 Das Ginkgobaum-Paar

Seit 1777 sind die beiden unzertrennlich

Es sind die ältesten Ginkgobäume in Kroatien und zwei der ältesten außerhalb Asiens. Das Pärchen steht auf der Südseite im Schlosspark Janković. Der weibliche Baum ist um einiges zierlicher als sein männlicher Artgenosse, der viel Platz für sich beansprucht. Fast 30 Meter ist er hoch. Die Bewohner von Daruvar nennen die beiden Adam und Eva.

Daruvar war schon immer eine Stadt unterschiedlicher Kulturen. Das ist der Verdienst des Grafen Antun Janković, der Handwerker und Landwirte aus Ungarn, Deutschland und in großer Zahl aus Tschechien hierherkommen ließ. So wird heute noch von einer kleinen Minderheit in Daruvar Tschechisch gesprochen. Jährlich feiert man hier die Tage der tschechischen Kultur. Außerdem gibt es mehrere Weinfeste und Weinmessen. Im Untergeschoss des Schlosses befindet sich ein Weinkeller mit regionalen Sorten. Eine der bekanntesten in dieser Region ist der Weißwein Graševina.

Antun Janković, geboren in Ungarn, entstammte einem kroatischen Adelsgeschlecht. Er war es, der den Ort Podborje auf- und ausbauen ließ und ihm den Namen Daruvar gab. Aus dem Ungarischen übersetzt bedeutet er »Stadt der Kraniche«. Ein Kranich ist auch im Wappen der Jankovićs abgebildet. Antun Janković war modern und weltoffen. Diese Weltoffenheit war offenbar auch der Grund, weshalb man hier asiatische Bäume pflanzte. Zu jener Zeit war das mindestens ungewöhnlich. Wie genau es dazu kam, dass das Ginkgobaum-Pärchen den Weg nach Kroatien fand, ist nicht näher bekannt. Hatte Janković selbst die Idee dazu? Hat ihm jemand von diesen Bäumen erzählt? Auch Details über den Transport und die Bepflanzung kennt man nicht. Und nicht zuletzt: Wie hat man überhaupt von deren Existenz erfahren? Nicht viele Menschen sind damals bis nach Asien gereist. Letztendlich spielt es keine Rolle, denn längst gehören diese asiatischen Bäume zum Schloss Janković einfach dazu.

Adresse Dvorac (Schloss) Janković, Ivana Gundulića 1, 43500 Daruvar | **Anfahrt** aus westlicher Richtung auf der D 26 fahren, dann links auf die Ulica Ljudevita Gaja, Beschilderung zur Kirche Crkva Presvetog Trojstva folgen, in westlicher Richtung der Kirche ist die Ulica T.G.Masaryka, hier ist der ursprüngliche Zugang zum Park, viele Stufen führen von der Straße aus nach oben | **Öffnungszeiten** Schlosspark: jederzeit; Schloss: Mitte Mai–Ende Sept. Sa 9–12.30 Uhr | **Tipp** Ein paar Minuten in östlicher Richtung liegt ebenfalls ein schöner Park. Julijev park ist nach Jankovićs Großneffen Julije benannt und beherbergt 60 Pflanzenarten. Die Straße, die zum Park hineinführt, heißt ebenfalls Julijev park.

10 Das Schloss Dioš

Es war einmal … prachtvoll und edel

Der Glanz von einst ist längst erloschen. Kroatien hat schönere, größere und bekanntere Schlösser als dieses – und in besserem Zustand. Weshalb man Dioš auch nicht von innen besichtigen kann. Es fristet einsam und verlassen sein Dasein, wie eine Diva, für die sich irgendwann niemand mehr interessiert. Doch wenn man genau hinsieht, kann man erahnen, wie prachtvoll es einmal war. So lange ist das gar nicht her, denn Dioš ist 1904 erbaut worden und somit eines der jüngsten Schlösser im Land. Damals war es eines der schönsten und auch eines der kostspieligsten.

Errichtet wurde es von Paula Tüköry von Algyest (geborene von Falkenberg), nachdem ihr Mann, der Ungar Alajos Tüköry, 1903 gestorben war. Sie soll es zu Ehren ihres verstorbenen Mannes in Auftrag gegeben haben, denn das Projekt war wahrscheinlich schon zu Lebzeiten des Gatten geplant. Zudem war der Bau als Rückzugsmöglichkeit aus Daruvar gedacht.

Besonders lange wurde das Schloss von der Witwe und ihren Kindern nicht genutzt. Paula Tüköry von Algyest, die beim Tod ihres Mannes 35 war, heiratete schon im darauffolgenden Jahr erneut.

Das Schloss ging durch viele Hände und diente unterschiedlichen Zwecken. Es war im Besitz von Banken, des Staats, und eine Zeit lang gehörte es den Salesianern, einem katholischen Orden. Es diente für vieles, zum Beispiel als Schule und als Kulisse für Veranstaltungen. 1995 ging es wieder in den Besitz der Salesianer über, doch der Orden kann die Sanierung finanziell nicht stemmen. Das Schloss hat 7.000 Quadratmeter Wohnfläche und umfasst 114.000 Quadratmeter Anwesen. Obwohl es schon seit Jahren zum Verkauf steht, findet sich kein Käufer. Niemand ist bereit, neben dem Kaufpreis noch Unsummen in die Sanierung zu stecken. Der Wert sinkt von Jahr zu Jahr drastisch. Möglicherweise wird es irgendwann wieder ein bisschen Glanz versprühen.

Adresse Dvorac (Schloss) Dioš, Dioš 78, 43505 Končanica | **Anfahrt** von Daruvar nördlich auf die D 5 Richtung Bjelovar fahren, rechts abbiegen nach Dioš, nach 400 Metern links abbiegen – beim Schild »Dvorac Dioš« – und noch 1 Kilometer weiterfahren | **Tipp** Das Auto vor dem Zaun des Schlosses abstellen und die Straße ein Stückchen weitergehen, dann nach links. Hier kommt man auf einen schönen Spazierweg Richtung Wald. Der Ausblick über die Haselnusssträucher erstreckt sich weit über ein grünes Tal mit kleinen Lavendelsträuchern.

11 Die Kirchenglocke

Ausgedient, aber trotzdem präsent

Im kleinen Ort Draguć gibt es vier Kirchen. Nichts Ungewöhnliches im katholischen Kroatien, denn selbst in Dörfern oder auf kleinen Inseln finden sich häufig mehrere Kirchen. Es ist fast ein Wunder, dass es das zauberhafte Draguć noch gibt. Erstmals erwähnt wurde es vor über 900 Jahren. Seitdem hat es das Schicksal mehrfach heimgesucht. Es wurde von den Türken verwüstet und in Brand gesteckt, und auch die Venezianer haben es nicht gut behandelt. Im Jahr 1523 kam es unter die Herrschaft der Venezianischen Republik, später fielen die Bewohner der Pest zum Opfer, dann der Cholera … Heute leben 35 Menschen hier, im »istrischen Hollywood«. In Filmen stellte Draguć mehrfach eine mittelalterliche Kulisse dar, so auch in »Musketiere für den König« mit Gerard Depardieu.

Auf dem Hauptplatz steht die Crkva sv. Križa (Heilig-Kreuz-Kirche). An diesem Platz befand sich früher höchstwahrscheinlich ein Kastell. Die Kirche wurde schon im 15. Jahrhundert gebaut, später sind mehrfach Ergänzungen vorgenommen worden.

Neben der Kirche sieht man eine Glocke im Freien, die sozusagen ausgedient hat. Im Glockenturm hingen früher vier Glocken, doch im Zweiten Weltkrieg wurden zwei von den Italienern entfernt. Eine der verbliebenen Glocken ging im Laufe der Jahre kaputt. Im November 2007 stiftete die italienische Region Venetien eine neue. Sie hat ein Gewicht von 650 Kilo. Friedrich Schillers Einleitung zu seinem Gedicht »Das Lied von der Glocke« – »Vivos voco. Mortuos plango. Fulgura frango« (Die Lebenden rufe ich, die Toten beklage ich, die Blitze breche ich) – wurde in Latein und Kroatisch auf der Glocke eingraviert. Im Mai 2008 hörte man sie aus dem Kirchturm bei ihrer Premiere.

Die alte Glocke hat über viele Jahre ihre Pflicht erfüllt, und man hat ihr im Grunde einen schönen Platz zugedacht, neben ihrer Kirche.

Adresse an der linken Seitenmauer der Crkva sv. Križa (Heilig-Kreuz-Kirche), Draguć bb, 52402 Cerovlje | **Anfahrt** von Pazin Richtung Osten auf die Straße Dubravica fahren, nach 7 Kilometern (im Ort Cerovlje) dem Wegweiser folgen und links abbiegen, noch 4 Kilometer weiterfahren, auf halber Strecke, bei der Gabelung, rechts abbiegen, im Ort geradeaus bis zur Kirche | **Tipp** Man sollte Draguć nicht verlassen, ohne die Fresken in der Crkva sv. Roka und Crkva sv. Elizeja gesehen zu haben (den Schlüssel bekommt man in der Kuća fresaka, 50 Meter südlich der Kirche, Di–So 10–12 und 16–18 Uhr).

12_Die älteste Apotheke

Heilmittel nach alter Rezeptur

Die Apotheke im Museum des Franziskanerklosters des »Ordens der Minderen Brüder« wurde 1317 gegründet. Somit ist sie die drittälteste Apotheke der Welt und die älteste, die seit ihrer Gründung konstant in Betrieb ist. Sie befindet sich gleich zur linken Seite vom Eingang, ein kleines Stückchen vor dem eigentlichen Museum. Man muss also keinen Eintritt bezahlen, um in die Apotheke zu gelangen.

Gleichzeitig mit der Errichtung des Klosters nahm auch die Apotheke ihre Anfänge. Zunächst stellten die Mönche ihre Arzneien nur für den Eigenbedarf her, doch mit der Zeit bekamen auch die Bewohner Zugang zu den Medikamenten und Salben. Die Mönche führten akribisch Buch, alles wurde dokumentiert. So kennt man noch heute die alten Rezepturen und weiß unter anderem, dass es schon vor Hunderten von Jahren den Wunsch nach Verjüngungsmittelchen gab. Bei einem schweren Erdbeben 1667 und dem darauffolgenden Brand wurde ein großer Teil des Inventars zerstört. Mehrere tausend Bücher fielen den Flammen zum Opfer. Im Innenhof befindet sich der Klostergarten, in dem bis heute Kräuter und Früchte wachsen. In der Mitte steht eine Fontäne mit einer Statue des Heiligen Franziskus von Assisi (gestorben 1226). Der Sohn eines wohlhabenden Händlers entschied sich für den Weg der Armut und Demut, nach dem Vorbild Jesus Christus'. Er gründete den Orden der Minderen Brüder.

Im Museum erzählt neben den Rezepten und Büchern das ehemalige Inventar die Geschichte der jahrhundertealten Apotheke. Noch heute werden Salben nach uralter Tradition hergestellt. Nur wenige Inhaltsstoffe wurden ersetzt, gemäß neuerer wissenschaftlicher Erkenntnisse. Manche Touristen kommen in die Apotheke, um ein originales Souvenir mit nach Hause zu nehmen. Aber auch viele Einheimische suchen sie auf, weil sie bei den Salben und kosmetischen Cremes immer noch auf alte Rezepturen schwören.

Adresse Muzej franjevačkog samostana, Placa 2, 20000 Dubrovnik | **ÖPNV** Buslinien 1a, 1b, 2, 2a, 3, 3a, 4, 6 und 9, Haltestelle Pile, durch das Altstadttor gehen, auf dem Stradun (auch »Placa«) gleich auf der linken Seite | **Öffnungszeiten** Sommer 9–18 Uhr, Winter 9–14 Uhr, Silvester, Heiligabend, Neujahr und 25. Dez. verkürzt | **Tipp** Mit der Seilbahn bei Dämmerung oder Dunkelheit hinabfahren, so hat der Blick auf Dubrovnik vom Berg Srđ einen besonderen Reiz. Fahrplan: www.dubrovnikcablecar.com/timetable-and-prices (Ulica kralja Petra Krešimira IV., Westseite).

13 Die Fußball-Liebeserklärung

Dalmatier und ihr Hajduk Split

Kroaten gehören nicht zu den Menschen, die während der Fußballmeisterschaften kurz ihre Fähnchen rausholen, ihre Mannschaft anfeuern und anschließend wieder zur Tagesordnung übergehen. Sport wird hier großgeschrieben, die zahlreichen Erfolge in vielerlei Sportarten lassen dies erkennen. Im Besonderen ist es der Fußball, der immer präsent ist. Ob Dinamo Zagreb, Hajduk Split oder HNK Rijeka – alle haben sie ihre Fanclubs beziehungsweise Ultragruppierungen, je nachdem, wie man es nennen will. In Zagreb sind es die Bad Blue Boys, in Rijeka ist es die Armada – und in Split die Torcida. Es ist der älteste Fanclub Europas, 1950 von Studenten gegründet. Man muss nicht unbedingt aus Split stammen, um für Hajduk Split zu sein. Die Fangemeinde ist über ganz Dalmatien verstreut, so wie man auf dem Kvarner für Rijeka oder im Radius von Hunderten Kilometern um Zagreb für Dinamo ist. Dass die Fanclubs in der Vergangenheit nicht immer in friedlicher Feierlaune waren, sondern Aggression manchmal eine Rolle spielte, gehört leider auch zur Wahrheit.

Doch wenn die Nationalmannschaft spielt, sind eine Zeitlang Fanclubs und Regionalpatriotismus vergessen. Dezente Fahnen an Außenspiegeln sind für den einen oder anderen Fan uninteressant. Hier wird manchmal die ganze Motorhaube verkleidet.

Wer in Zusammenhang mit Hajdučko pivo (Hajduk Bier) auf Slogans wie »So etwas hast du nicht in Zagreb« oder »Nur für Dalmatier« stößt, könnte den Eindruck gewinnen, dass man es in dieser Region mit einem eigenbrötlerischen Menschenschlag zu tun hat. Das Gegenteil ist der Fall. In Dalmatien sind die Menschen aufgeschlossen und herzlich. Die Lebensfreude scheint ihnen in die Wiege gelegt. Sie lieben eben ihr Dalmatien. Und Hajduk. Deshalb sieht man das runde Logo des Fußballvereins häufig in der Region.

Adresse Ecke Ulica od Svetog Mihajla/Ulica Iva Vojnovića, 20000 Dubrovnik | **ÖPNV** von der Altstadt (Station Pile) Buslinie 4 Richtung Hotel Palace nehmen, 9 Stationen bis Rašica, dann circa 100 Meter die Strecke zurücklaufen | **Tipp** Mit der Buslinie 4 zwei Stationen weiterfahren, bis Masarykov put. Wenn man nach unten zur Bucht geht, kommt man zum Sunset Beach. An diesem großen Steinstrand (Zugang zum Wasser ist sandig) findet sich mit großer Wahrscheinlichkeit ein Platz zum Baden.

14 Das Peppino's

Eiscreme mit Biskuit

Wer nur dem Stradun (Flaniermeile durch die Altstadt) folgt, weiß nicht, was ihm in der Seitenstraße entgeht. An der gesamten Küste entlang reihen sich die Eisdielen aneinander, gutes Eis gibt es in Kroatien eigentlich an jeder Ecke. Kann es also überhaupt *die* Eisdiele geben, die *das beste* Eis anbietet? Es ist kaum möglich, eine spezielle Eisdiele auf Platz eins zu setzen, denn zu viele Kriterien spielen dabei eine Rolle und zu sehr hängt es vom persönlichen Geschmack ab.

Das Peppino's verdient trotzdem eine besondere Erwähnung. Im Frühjahr 2017 hat Lukša Kristović seine Eisdiele eröffnet und sich innerhalb kurzer Zeit bei Touristen und Einheimischen einen Namen gemacht. Sehr stylish ist die Einrichtung, mit Kupferrohren an den Decken, wenig Farbe, alles minimalistisch und schnörkellos. Aber letztendlich kommt es auf die Eiscreme an, und die ist auf jeden Fall einen Versuch wert. Neben Klassikern wie Vanille, Schokolade, Wald- oder Joghurtfrüchten gibt es auch die Premiumsorten. Sie bestehen, neben der Eiscreme, aus Biskuit sowie einem Überzug, passend zur jeweiligen Eissorte. Dabei kann man zum Beispiel zwischen Mango-Vanille, Kokosnuss-Himbeere, Ferrero oder Sacher wählen. Die Premiumsorten sind vielleicht nicht jedermanns Sache, denn etwas wuchtig sind sie schon, aber auch köstlich. Es gibt außerdem mehrere Sorten in der glutenfreien Bio-Variante. Einfach die Verkäufer danach fragen.

Seine Eisdiele benannte der Besitzer nach einer Figur aus der kroatischen Zeichentrickserie »Profesor Baltazar«, die zwischen 1967 und 1971 in Zagreb produziert wurde. Sie bestand aus 59 Folgen à fünf bis zehn Minuten. Ein neugieriger Storch namens Peppino ist eine der Figuren aus dieser Serie.

Sitzmöglichkeiten im Inneren der Eisdiele gibt es nicht. Man nimmt das Eis mit, das wirklich lecker schmeckt und den Besuch in jedem Fall lohnt.

Adresse Peppino's, Ulica od Puča 9, 20000 Dubrovnik, www.peppinos.premis.hr | ÖPNV Buslinien 1a, 1b, 2, 2a, 3, 3a, 4, 6 und 9, Haltestelle Pile, durch das Altstadttor gehen, bis Stradun (auch »Placa«), ein paar Schritte geradeaus, rechts und am Brunnen vorbei, links in die Ulica od Puča, circa 100 Meter geradeaus, auf der rechten Seite | Öffnungszeiten täglich 11–24 Uhr | Tipp Auf dem Marktplatz gibt es nicht nur frisches Obst und Gemüse aus der Region, sondern auch Nüsse, Lavendelprodukte, Textilien und Schmuck (von der Eisdiele 100 Meter in östliche Richtung weitergehen, am Gundulić-Denkmal rechts).

15 Der Leuchtturm

100.000 Eier für Seefahrer und Fischer

Dugi otok ist Kroatiens siebtgrößte Insel, doch eigentlich die sechstgrößte, weil sich Krk und Cres Platz eins teilen. Stolze 45 Kilometer misst Dugi otok (Lange Insel). In der Breite variieren die Maße zwischen einem und vier Kilometern. An der westlichen Nordspitze liegt Veli Rat, und dort steht der größte Leuchtturm Kroatiens, dicht umgeben von Pinien. Erbaut wurde er 1849, mit einer Höhe von 42 Metern. Doch wird seine Imposanz neben der Größe noch durch seine Farbe verstärkt. Der mündlichen Überlieferung zufolge entstand die gelb-orange Farbe, indem für den Außenputz 100.000 Eigelbe untergemischt wurden. Man wollte den Leuchtturm dadurch gut sichtbar machen. Es ist ein Kreuz mit mündlichen Überlieferungen. So behaupten andere nämlich, dass 100.000 Eiweiße verwendet wurden, um die Fassade vor Wettereinflüssen zu schützen und ihr gleichzeitig Glanz zu verleihen. Da wäre es doch eigentlich naheliegend, dass sowohl Eigelbe und Eiweiße hergenommen wurden, zu unterschiedlichen Zwecken.

Am Fuß des Turms befindet sich die Kapelle Sv. Nikola (Hl. Nikolaus), benannt nach dem Schutzpatron der Seefahrer. Ihnen leistete der Leuchtturm einst gute Dienste, denn sein Licht hatte eine Strahlkraft von 40 Kilometern. Die Insel hat eine tausendjährige Fischereitradition, doch der Beruf stirbt immer mehr aus. Und in der Seefahrt hat sich seitdem technisch auch viel verändert.

Heute dient der Leuchtturm als Unterkunft für Touristen, mit zwei Apartments. In vielen Leuchttürmen leben die Wächter monatelang allein, in anderen zusammen mit ihren Familien, wie auch in diesem.

Für viele gilt der Leuchtturm in Veli Rat als der schönste seiner Art. Doch gibt es eigentlich zu viele, als dass man eine Auswahl treffen könnte. Aber sein Standort, seine Größe und nicht zuletzt seine Farbe machen ihn zweifellos einzigartig.

Adresse Svjetionik (Leuchtturm), 23287 Veli Rat, Insel Dugi otok | Anfahrt die Fähren von Jadrolinija verkehren zwischen Zadar und Dugi otok – entweder Hafen in Brbinj oder in Božava (Tickets online kaufen unter www.jadrolinija.hr oder im Hafen von Zadar, Liburnska obala 7), von beiden Häfen führt die D 109 Richtung Veli Rat | Tipp Der Strand Veli Žal ist nicht so überlaufen wie etwa der berühmte Sakarun (südlich auf der D 109 circa 14 Kilometer fahren, dann rechts auf die schmale Straße abbiegen und noch 1 Kilometer, Auto parken und ein Stück in nördliche Richtung gehen).

16 Die Wüste

Eine Mini-Sahara, die mal viel größer war

Im Volksmund wird sie »Kroatische Sahara« oder »Blutiger Sand« genannt. Natürlich weiß man, dass Ersteres bei einer Größe von knapp 20 Hektar etwas hochgegriffen ist, aber es ist nicht allzu ernst gemeint. Nun, blutrot ist diese Wüste auch nicht wirklich, eher gelblich-ockerfarben. Aber sei's drum, denn sehenswert ist sie auf jeden Fall. Der Bereich ist jederzeit zugänglich für alle, die mit der Natur respektvoll umgehen. So darf weder etwas entwendet noch dagelassen werden.

Über viele, viele Jahre hat sich das herausgebildet, was heute die Đurđevački pijesci sind, die Sande von Đurđevac. Diese 19,5 Hektar sind heute überschaubar, kein Vergleich zur früheren Größe. Die Wüste hatte eine Länge von zwölf Kilometern.

Voraussetzungen für eine vielfältige Flora und Fauna waren eigentlich nicht gegeben, wegen Wassermangels und starken Winden. Aber die Pflanzen passten sich den Umständen an, und so entstanden spezielle Arten, gemischt mit mittel-, west- und osteuropäischen sowie endemischen Arten des pannonischen beziehungsweise slawonischen Gebiets. Weit über 100 Pflanzengattungen wachsen hier, wie etwa Sand-Thymian und Wegerichgewächse. Um den Sand »ruhig zu halten«, wurde zusätzlich Besenginster gepflanzt. Auf den bewaldeten Abschnitten findet man überwiegend Akazie und Kiefer. Man sieht wellenförmige Dünen mit einer Tiefe von bis zu sechs Metern, gelegentlich auch tiefer. Auch Brombeeren und Holunder wachsen hier. Etwa 300 Schmetterlingsarten beherbergt diese Gegend.

Besonders beliebt war die Wüste früher bei den Einheimischen nicht gerade, man empfand sie als lästig. Schließlich wehte der Wind den Sand auf die Felder und die Weinberge, was zusätzliche Arbeit bedeutete. Heute genießt die Wüste bei den Einheimischen einen besonderen Stellenwert, ist sie doch etwas Besonderes. Im Jahr 1963 wurde sie zum geografisch-botanischen Reservat erklärt.

Adresse Đurđevački pijesci, 48350 Đurđevac | **Anfahrt** D 2 und D 43 nach Đurđevac, von dort in östliche Richtung und rechts abbiegen, auf Stiska ulica circa 1 Kilometer geradeaus fahren, der Eingang befindet sich auf der rechten Seite (ausgeschildert) | **Tipp** In 3 Kilometern Entfernung liegt Borik, ein Park-Waldgebiet mit Laufpfaden für Spaziergänger, aber auch zum Radfahren (in nordöstliche Richtung circa 1,5 Kilometer auf der Stiska ulica, danach 11 Kilometer auf der Ulica Petra Zrinskog, links auf Grkinska ulica abbiegen und kurz danach 1 Kilometer auf Ulica Matije Gupca, »Trim staza« – Trimmpfad – links).

17 Der Wasserfall

Lieber zu Fuß als mit dem Auto

Am besten kommt man über den Wanderweg Sv. Šimuna hierher, sozusagen als Einstimmung auf den Wasserfall Sopot, denn die umliegende Gegend ist malerisch. Die Route führt am Dorf Žlepčari vorbei. Idyllisch und verlassen sind die Häuser, um die sich der Efeu rankt. Man sieht kleine Bäche und die Kirche der hl. Maria Magdalena. Sie erinnert heute nur noch daran, dass dieses Dörfchen früher von Leben erfüllt war.

Der Sopot ist 30 Meter hoch und damit der höchste Wasserfall Istriens. Er ergießt sich über einen großen Felsen, der viele Besucher an einen Küstenfelsen erinnert. Tatsächlich war diese Gegend früher eine ganz andere als heute. Vor abertausenden Jahren war dieses Areal wahrscheinlich von Meerwasser umgeben. Darauf lassen zahlreiche Versteinerungen von Muscheln und anderen Organismen schließen, die dem marinen Milieu zuzuordnen sind. Bis vor wenigen Jahrzehnten waren in diesem smaragdgrünen Wasser Fische zu finden. Heute haben Frösche es zu ihrem Zuhause gemacht. Die Brücke über dem Fluss war für die Menschen früher die wichtigste Verbindung zu den Nachbarorten und auch breit genug für Karren und Vieh. Seit ihrem Bestehen hat die Brücke mehrfach Schaden genommen, durch das Wasser und zahlreiche Unwetter. Die Einwohner haben sie, unermüdlich und über viele Generationen, immer wieder aufgebaut und repariert.

Am besten sieht man sich den Wasserfall von oben an. Eigentlich kann man über einen Pfad nach unten gelangen – und manche tun das auch –, doch ist das nicht empfehlenswert, weil der Zugang als unsicher gilt. Auch wenn die meisten Touristen im Sommer nach Istrien kommen, ist der Wasserfall im Frühling und Herbst sicher schöner anzuschauen. Der Fluss Raša, der sich über eine bescheidene Länge von 23 Kilometern erstreckt, ist in der Zeit um März und Oktober am wasserreichsten – und im Winter manchmal zugefroren.

Adresse Slap Sopot, Floričići, 52333 Pićan | **Anfahrt** von Gračišće 3 Kilometer Wanderweg (Richtung Osten); mit dem Auto: auf D 64 in südöstliche Richtung, nach 5 Kilometern links auf die schmale Straße abbiegen und 4 Kilometer weiterfahren, im Ort Floričići links und noch 200 Meter geradeaus, auf der linken Seite | **Tipp** Für Motorradfans, die mit einem Guide die Gegend erkunden möchten, ist Enduro eine gute Adresse. Wenige Kilometer südöstlich von Floričići liegen die Sportanlage und die Verwaltung (Infos und Reservierungen unter www.enduro-croatia.com, Tel. +385/918834852).

18 Der Erlebnispark

Für Kinder und Fortgeschrittene

Es gibt mehrerlei, was diesen »Adrenalinpark« so besonders macht: Vor allem liegt er inmitten der schönen Natur Istriens, die Kombination von Entspannung und Adrenalinkicks könnte somit nicht besser sein. Natürlich kann man sich auch auf einem harmlosen Level bewegen, insbesondere Kinder und Anfänger starten am besten mit dem gelben Level. Fortgeschrittene können auch gleich mit dem blauen Level starten, und Profis stürzen sich gleich ins schwarze Level, wenn sie möchten. Das schwarze Level bedeutet zum Beispiel, auf zehn Metern Höhe mehrere Etappen zu »überstehen«.

Es gibt einiges zu entdecken und zu nutzen, zum Beispiel die 3G-Monster-Schaukel, auf der man sich elf Meter hochschwingt, ein Trapez, mehrere herausfordernde Brücken, drei Zipe-Lines ... Besonders erwähnenswert wäre noch der Zorb-Ball, in dem man in fünf Meter Höhe ganze 80 Meter in das Tal hinunterrollen kann.

Nevenko Bulić und Nigel Simpson gründeten den Erlebnispark 2011. Den Anstoß gaben drei junge deutsche Touristen, zwei Männer und eine Frau. Sie sahen sich die heimischen Tiere an und kamen miteinander ins Gespräch. »Aus diesem Gelände könnte man etwas machen«, sagte einer der jungen Männer, was den Stein ins Rollen brachte. Nevenko Bulić und Nigel Simpson flogen nach England, in Simpsons Herkunftsland, um sich die dortigen Erlebnisparks näher anzusehen.

Einheimische und Touristen suchen Kick und Entspannung auf dem 2,5 Hektar großen Areal. Die Schreie der Besucher sind wohl der beste Beweis für deren Begeisterung.

Die Anlage ist von der ERCA zertifiziert, die Sicherheitsstandards werden regelmäßig überprüft. Das Personal ist nicht nur professionell geschult, sondern auch sehr freundlich und hilfsbereit.

Kinder erfreuen sich auch an dem kleinen Zoo mit heimischen Tieren. Die Schafe, Hühner, Hasen, Katzen und Hunde sind an Menschen gewöhnt und zutraulich.

Adresse Glavani park, Glavani 10, 52207 Barban, www.glavanipark.com | Anfahrt auf der D 66 Pula-Labin bei Manjadvorci abbiegen, bis Glavani fahren und dort dem Wegweiser nach Vodnjan folgen und links abbiegen, kurz darauf findet man den Glavani park auf der rechten Seite | Öffnungszeiten täglich (auch feiertags), Sommer: 9 – 20 Uhr, Winter: 9 – 18 Uhr | Tipp Nur zehn Minuten in südwestlicher Richtung liegt Vodnjan. Das charmante Städtchen ist auf jeden Fall einen Ausflug wert, nicht nur wegen seiner hübschen Gassen und dem schönen Hauptplatz. In der Pfarrkirche Sv. Blaž (Hl. Blasius) befinden sich die »Mumien von Vodnjan«, drei mumifizierte Körper Heiliger, auch 370 Reliquien beherbergt diese Kirche.

19 Die Liebesbrücke

Ein verliebter Mann findet immer eine Lösung

Am Fluss Krupa findet man eine ungewöhnliche Brücke, mit einer Länge von 109 Metern und zwölf Bögen aus Tuffstein: Kudin most. Erbaut wurde sie Ende des 18. bis Anfang des 19. Jahrhunderts.

Die Krupa ist der längste Nebenfluss der Zrmanja, die wiederum durch die bekannte Schlucht Zrmanja fließt. Doch die Krupa nur wegen der Zrmanja oder des Kudin most zu erwähnen, wäre schade, denn bei einer Gesamtlänge von elf Kilometern bringt sie ganze 19 Wasserfälle hervor.

Ende des 18. Jahrhunderts lebte hier ein junger Mann namens Kuda, der sich in ein Mädchen verliebt hatte, das auf der anderen Seite des Ufers lebte. Er fand schließlich eine Lösung, um zu seiner Liebsten zu gelangen, und errichtete die Brücke. Wie man sieht, macht Liebe stark. Eine Legende? Möglich. Aber diesen Kuda soll es zu jener Zeit wirklich gegeben haben, einer seiner ortsansässigen Urenkel bestätigt dies. Doch wurde die Brücke sicher auch aus pragmatischen Gründen erbaut, weil die Menschen zur Mühle mussten. Die Liebesgeschichte ist jedoch das, was die Brücke so besonders macht und weshalb manchmal Menschen hierherkommen und sie fotografieren. Die Bewohner hegen und pflegen ihre Brücke liebevoll. Es stört sie keinesfalls, wenn Touristen in den Ort kommen und hinübergehen möchten. Allerdings ist es leider schon mehrmals vorgekommen, dass irgendwelche Sportvereine in Gruppen über die Brücke rannten oder Leute am Rand der Brücke saßen, ohne Rücksicht auf das stolze Alter des Kudin most zu nehmen. Die Brücke ist durch starke Winde und Überschwemmungen brüchig und empfindlich geworden. Doch wer bei seinem Besuch umsichtig ist und sich respektvoll verhält, ist jederzeit gern gesehen.

Kudin most wurde nach dem verliebten Kuda benannt. Angeblich war seine Angebetete die Erste, die über die fertige Brücke ging – und ihren Kuda heiratete.

Adresse Kudin most, 23450 Golubić | Anfahrt von der Straße Obrovac-Gračac (D 27) Richtung Golubić abbiegen, im Ort der Beschilderung nach Kudin most folgen, am Ortsende beginnt der Weg zur Brücke, circa 1,5 Kilometer | Tipp Im Ort Krupa entspringt der gleichnamige Fluss. Von dort aus kann man zu Fuß bis Kudin most wandern, und wer möchte, geht noch weiter Richtung Westen.

20__Das Gallignana

Ein Laden zum Stöbern und Entdecken

Im Gallignana gibt es viel zu sehen, und wer möchte, kann auch probieren. Olivenöl, Trüffelprodukte sowie Weine aus Istrien und Rakija (Schnaps) aus Gračišće. Der Laden trägt denselben Namen, den einst die Gallier dem Ort gaben. Als die Kroaten sich hier um das 6./7. Jahrhundert ansiedelten, benannten sie Gallignana in Gračišće um.

Die Schnäpse werden nach alter, traditioneller Art selbst produziert. ohne fremde oder künstliche Zusätze. Die Hersteller verfügen über das OPG, eine Art Lizenz für Familienbetriebe, die in der Verarbeitung landwirtschaftlicher Rohstoffe tätig sind. Der Wein verdient mindestens ebenso Erwähnung. Auch diejenigen Kunden, die normalerweise keine Weintrinker sind, haben hier die Gelegenheit, istrischen Wein zu probieren.

Die Besitzerin Vesna Bažon eröffnete ihr Geschäft 2011. Der heutige Verkaufsraum war früher eine »konoba« (Keller / Weinkeller), in der sie und ihr Mann häufig mit Freunden zusammensaßen. Ihr Mann hat es zu einer Art Hobby gemacht, zu der Dekoration im Gallignana beizutragen. Über viele Jahre sammelte er originale Gegenstände, ausschließlich aus Gračišće. Manches hat man auf Dachböden gefunden, und auf manches stieß man sogar beim Graben im Garten. Im Laden gibt es zum Beispiel ein Joch, eine alte Maschine zum Wässern von Weinreben und eine Maismühle. Das Pult, auf dem die Kasse steht, ist ein alter Tisch aus einer hiesigen Schreinerei.

Duftsäckchen oder kleine Nachbildungen von Brunnen, wie sie in dieser Region genutzt wurden, kann man zum Andenken kaufen oder als Souvenir mitnehmen. Dic Ladenbesitzerin kann sich auf Englisch und Italienisch unterhalten, und sie versteht ein bisschen Deutsch.

Auch wenn der Ausdruck »mit Liebe« mittlerweile inflationär verwendet wird, trifft es doch manchmal zu. Vesna Bužan merkt man die Liebe zu ihrem Heimatort und ihrer Arbeit deutlich an.

Adresse Gallignana, Gračišće 68, 52403 Gračišće, vesna.bazon1@pu.t-com.hr | **Anfahrt** auf der D 64 in den Ort fahren und das Auto parken. Richtung Osten ins Zentrum gehen, in unmittelbarer Nähe der Kirche sv. Eufemija ist das Gallignana | **Öffnungszeiten** täglich 10–20 Uhr | **Tipp** Nur eine Minute nördlich liegt die Konoba Marino, die istrische Spezialitäten und anständige Portionen serviert. Zu der Konoba gehört auch die Unterkunft Poli Luce. Beide haben einen urig-ländlichen Charme (Gračišće 75, www.konoba-marino-gracisce.hr).

21 Der Brunnen

Sicher ist sicher

Im Schloss Odescalchi ist das Stadtmuseum von Ilok untergebracht. Das Schloss war im 17. Jahrhundert ein Geschenk von Kaiser Leopold an Papst Innozenz XI. (Benedetto Odescalchi) zum Dank dafür, dass er die Osmanen von hier vertrieben hatte. Der Papst entstammte einem italienischen Adelsgeschlecht. Das Geschenk legte er in die Hände seiner Neffen, und sie erweiterten und modernisierten das Schloss.

Das Museum besteht seit 1952, seit 1969 befindet es sich im Schloss Odescalchi. Es zeigt die Entwicklung Iloks und seiner Umgebung von der Prähistorie bis Mitte des 20. Jahrhunderts. Und das auf immerhin knapp 1.100 Quadratmetern, was für eine mittelgroße Stadt recht beachtlich ist.

Auf dem Weg ins Museum kommt man an dem Brunnen im Innenhof nicht vorbei. Prinzipiell zwar schon, doch er sticht ins Auge. Er ist durch eine Glasplatte geschützt, sodass man gut hineinsehen kann. Dieses Schutzes bedarf sowohl der alte Brunnen selbst als auch der Mensch, da der oberirdische Teil des Schachtes nicht mehr erhalten ist. Früher wurden Menschen tatsächlich hart bestraft, wenn sie nicht Sorge dafür trugen, ihren Brunnen zu schützen. Im Statut der Stadt Ilok von 1525 stand geschrieben, dass der Eigentümer dafür aufkommen müsse, wenn ein Tier in seinen Brunnen hineinfalle und sich verletze oder sterbe. Kam ein Mensch zu Schaden, hing die Strafe vom Grad der Verletzungen der Opfer ab. Kam jemand zu Tode, erwartete einen Brunnenbesitzer sogar die Todesstrafe, doch gab es die Möglichkeit, sich freizukaufen – sofern man die finanziellen Mittel dafür hatte.

Der Brunnen ist circa 600 Jahre alt und aus gemeißeltem Stein gefertigt. Seine Tiefe von 64 Metern ist ziemlich beeindruckend. Der Wasserstand hängt vom nahen Fluss Save ab. Auch Graf Sigmund Joachim von Trattmansdorff schien an diesem Brunnen Gefallen zu finden. Er erwähnte ihn in seinen Tagebüchern.

Adresse Dvorac (Schloss) Odescalchi / Muzej grada Iloka, Šetalište oca Mladena Barbarića 5, www.mgi.hr | **Anfahrt** auf der D 2 östlich Richtung Ilok, die D 2 geht in die Ulica dr. Franje Tuđmana über, noch 1,5 Kilometer geradeaus, links in Trg Nikole Iločkog abbiegen, 200 Meter geradeaus, auf der linken Seite | **Öffnungszeiten** Museum: Di – Do 9 – 15 Uhr, Fr 9 – 19 Uhr, Sa 11 – 18 Uhr, So für Gruppen unter Voranmeldung | **Tipp** In östlicher Richtung vom Schloss finden sich ein Hamam, den die Türken während ihrer Belagerung errichteten, etwas weiter ein Franziskanerkloster und die Kirche Svetog Ivana Kapistrana. Unbedingt hineingehen!

22 Das Zuhause des Traminac

Wer ihn einmal probiert, wird es immer wieder tun

Im östlichsten Teil Kroatiens liegt die Stadt Ilok mit ihren Weinbergen. Jährlich werden in Iločki podrumi (den Weinkellern der Stadt) über vier Millionen Liter Wein hergestellt. Zahlreiche Preise im In- und Ausland hat diese Adresse vorzuweisen. Einer der beiden Weinkeller stammt aus dem 15. Jahrhundert, der andere aus dem 18. Jahrhundert. Die Wände hier sind bis zu vier Meter dick. Nach einer Führung durch die Weinkeller schafft man es einfach nicht, ohne mindestens eine Flasche Wein zu gehen. Doch welchen soll man nehmen? Unter der Führung eines Önologen oder Sommeliers kann man verschieden Sorten probieren.

Am Traminac kommt man definitiv nicht vorbei. Und das nicht nur, weil der Buckingham Palace ihn ebenfalls schätzt. Bereits bei der Krönung der Queen 1953 wurde Traminac aus Ilok geordert, und bei Prinz Harrys Hochzeit im Mai 2018 wurde ebenfalls dieser Weißwein serviert.

Das Restaurant Stari podrum (Alter Weinkeller) ist genau das, nämlich ein ehemaliger Weinkeller. Bei einem Besuch in Iločki podrumi sollte man zumindest einen Blick in das Restaurant werfen. Das Ambiente erinnert an einen Film über das Mittelalter. Wer seinen Geburtstag oder seine Hochzeit mal anders feiern möchte, kann den Raum mieten.

Nur wenige Kilometer entfernt liegt Principovac, dessen Weinberge für die Produktion der Weinkellerei genutzt werden. Auf dem Anwesen Ladanjsko imanje steht ein Schloss mit einem gläsernen Aussichtsturm und eine Golfanlage mit Golfschule. Wer dort auf der Terrasse des Restaurants sitzt und sich umsieht, kommt ziemlich schnell zu dem Schluss, dass nicht jeder hier Golfspieler ist. Viele kommen her, um die Aussicht zu genießen, und die ist wirklich spektakulär. Hier wird wirklich deutlich, wie schön die Gegend um Ilok ist. Die pure Idylle – und ein Glas Wein macht den Besuch perfekt.

Adresse Iločki podrumi, Šetalište oca Mladena Barbarića 4, 32236 Ilok, www.ilocki-podrumi.hr | **Anfahrt** auf der D 2 östlich Richtung Ilok, die D 2 geht in die Ulica dr. Franje Tuđmana über, immer geradeaus weiterfahren, dann links Richtung Dvorac (Schloss), »Iločki podrumi« auf der linken Seite | **Öffnungszeiten** Mo–Sa 7–20 Uhr, Restaurant: bis 23 Uhr | **Tipp** Auf der Weinstraße von Ilok gibt es mehrere Weinkeller samt Probierstuben (www.turizamilok.hr/de/probieren). Unterkünfte findet man unter www.turizamilok.hr/de/unterkunft.

23 Die römische Militärsiedlung

Spuren eines Imperators

Burnum war eine Militärsiedlung der Römer, die hier mit ihren Familien lebten. Es wurde im Jahre 639 zerstört, möglicherweise durch die Avaren und Slawen oder während der letzten Feldzüge der Byzantiner. Was übrig blieb, ist die Arena und die Arkade der damaligen Kommandozentrale, einige hundert Meter von der Arena entfernt.

Während die Arena in Pula großen Bekanntheitsgrad genießt, ist jene in Burnum außerhalb Kroatiens nur wenigen ein Begriff. Sie ist um einiges kleiner. Während in Pula bis zu 26.000 Zuschauer Platz fanden, waren es in Burnum maximal 10.000. Der römische Kaiser Vespasian ließ das Amphitheater im Jahre 76/77 n. Chr. errichten. Bei Ausgrabungen wurde die Tafel mit seinem Namen und den Jahreszahlen der Errichtung gefunden, die über dem südlichen Eingang prangte. Die Arena hatte vier Eingänge. Genutzt wurde sie vermutlich zu zweierlei Zwecken, nämlich für Militärübungen der Männer wie auch zum Amüsement aller.

Mit dem Bau des Prätoriums ist bereits während der Herrschaft Julius Cäsars begonnen worden, in den 50er Jahren des 1. Jahrhunderts. Aber erst ein paar Jahrzehnte später wurde es, so meinen Archäologen, durch Vespasian fertiggestellt und verschönert.

In Burnum lebten die Militäreinheiten Legio XI Claudia und Legio IV Flavia Felix. Die römischen Legionen verließen Dalmatien gegen Ende des 1. Jahrhunderts, trotzdem war Burnum auch weiterhin von Bedeutung. Durch seine günstige Lage konnte man Eindringlinge kontrollieren, die über die Brücke kommen wollten. Als das Römische Reich zerfiel, besetzten gegen Ende des 5. Jahrhunderts die Ostgoten das Gebiet. Es gibt Hinweise darauf, dass es auf dem Areal auch eine Therme gab. Gefunden wurden bei Ausgrabungen unter anderem Backstein, Keramik, Schmuck, Fesseln und Geldmünzen.

Adresse Burnum, 22305 Ivoševci | **Anfahrt** Arena: auf der D 59 vom Nationalpark Krka nordöstlich Richtung Knin fahren, kurz nach der Ortschaft Ivoševci nach links auf die unasphaltierte Straße und noch circa 300 Meter weiter; Arkade: von der Arena wieder zurückgehen und weiter auf der Hauptstraße, auf der rechten Seite | **Tipp** Im Eko kampus in Puljane sind die Ausgrabungsfunde ausgestellt (Eko kampus Krka, von Ivoševci südlich Richtung Drniš, nach circa 5 Kilometern rechts, Puljane und Eko kampus sind ausgeschildert).

24 Die Bucht Zavratnica

Die schönste Bucht und ihr Wrack

Für manche ist sie die schönste Bucht Kroatiens – allerdings müsste man alle Buchten gesehen haben, um diese Auszeichnung inoffiziell aussprechen zu können. Wunderschön ist sie auf jeden Fall, und wer in dieser Gegend vorbeikommt, sollte sie sich ansehen. Glücklicherweise tummeln sich hier keine Massen, was vermutlich auch daran liegt, dass sie nicht bequem an der Straße liegt und einigen der Weg zu aufwendig ist.

Es gibt aber auch Besucher, die kommen hauptsächlich wegen des Wracks, das sich zwischen Eingang und Mitte der Bucht auf der linken Seite befindet. Manche fahren in einem Boot hierher, um einen Blick darauf zu werfen, gucken sich ein bisschen um und fahren wieder davon. Das sind wahrscheinlich nicht diejenigen, die Zavratnica als schönste Bucht Kroatiens bezeichnen … Bei dem Wrack handelt es sich um ein Landungsboot der deutschen Wehrmacht, das 1944 von einem britischen Militärflugzeug versenkt wurde. Das Wasser ist kristallklar, deshalb kann man es gut erkennen, wenn man Richtung Strand geht.

Die Bucht Zavratnica liegt am Fuß des Nördlichen Velebit und ist Teil des gleichnamigen Naturparks. Schon seit 1964 steht sie unter Naturschutz. Zavratnica ist 900 Meter lang und misst an der schmalsten Stelle 50 Meter, an der breitesten 150 Meter. Entstanden ist die Bucht durch Verschiebung von Erdplatten und die darauffolgenden Prozesse. Doch nicht nur das Wrack, auch die Flora verdient Erwähnung: Zavratnica beherbergt 129 Tierarten, wovon 100 autochthon sind.

Sie ist jedenfalls ein schönes Fleckchen, die Bucht Zvratnica. Häufig ist sie auch ein ruhiges Fleckchen, abgesehen von Phasen im Juli oder August. Aber auch dann gibt es keinen Massentourismus, und man kann meist stressfrei und in Stille schwimmen. Besonders schön ist es vormittags und mittags, wenn noch alles ruhig ist. Mit ein wenig Glück hat man die Bucht dann für sich allein.

Adresse Uvala (Bucht) Zavratnica, 53287 Jablanac, Infos Naturpark Velebit unter www.pp-velebit.hr, Tel. +385/53560450 | **Anfahrt** bei Jablanac das Auto parken und 1,5 Kilometer den Weg am Ufer entlanggehen | **Öffnungszeiten** täglich 11–19 Uhr | **Tipp** Wenn man dem nördlichen Velebit so nahe kommt, kann man über eine Wanderung nachdenken. Es gibt verschiedene Halbtags- und Ganztagsausflüge (Infos: www.np-sjeverni-velebit.hr, auf der Website sind auch die Anfahrten zu den Eingängen des Parks beschrieben).

25 Das Kastel Bistro & Bar

Genießen in mittelalterlichem Flair

Im Stari grad Dubovac, der Burg aus dem frühen 13. Jahrhundert, findet man ein besonderes Lokal. Es liegt außerhalb des Stadtkerns, ist aber gut zu erreichen.

Mehrere Adelsfamilien haben von der Burg aus regiert. Zum Schutz vor den Osmanen wurde das Kastell errichtet und im 16. Jahrhundert des Öfteren von eben diesen belagert. Am Karfreitag 1578 verwüsteten die Türken die Stadt und setzten sie in Brand. Trotzdem konnten sie die Burg nie erobern. Dank regelmäßiger Restaurierungen ist sie noch heute in sehr gutem Zustand. Und wer schon mal hier ist, kann von dem Hügel am Kastell einen Blick auf die Stadt und ihre vier Flüsse werfen: Korana, Kupa, Dobra und Mrežnica fließen hier entlang.

Das Kastel Bistro & Bar gibt es seit April 2017. Das Innere des Lokals verströmt eine mittelalterliche Atmosphäre, hat aber gleichzeitig auch etwas Schlichtes. Bei schönem Wetter sitzt man draußen, im Innenhof des Kastells. An bestimmten Tagen gibt es Partys mit Schwerpunkten oder besonderen Angeboten, wie zum Beispiel an Halloween oder am Weltfrauentag. Auf der Speisekarte finden sich neben Hauptgerichten auch Salate und Burger. Köstliche Vorspeisen mit kroatischem Käse und Oliven. Oder die Pastete nach Art des Hauses: Hühnchenleber mit Mus aus grünen Tomaten und geröstetem Toast. Auch wenn es Internationales auf der Karte gibt, ist die Kombination von Heimischem und Klassischem gut gelungen. Die Zutaten werden von regionalen Kleinbetrieben bezogen, und alles wird selbst hergestellt.

Die Speisekarte ist erfreulich überschaubar, mit täglich zwei oder drei Suppen. Es gibt sie auch in Deutsch und Englisch. An einem guten Angebot kroatischen Weins fehlt es ebenfalls nicht. Und wer keinen Appetit hat, der trinkt im Innenhof einen Kaffee und isst eines der köstlichen Desserts, hoch über Karlovac.

Adresse Kastel Bistro & Bar, Zagrad-Gaj 5, 47000 Karlovac, www.bistrokastel.com, Tel. +385/47658922 | Anfahrt vom Stadtzentrum in westliche Richtung auf Ulica Dr. Vladka Mačeka fahren, im Kreisverkehr 3. Ausfahrt Primorska ulica nehmen, wenn diese Straße in Zagrad übergeht noch 400 Meter weiterfahren, dann rechts | Öffnungszeiten Mo–Do 10–23 Uhr, Fr, Sa 10–24 Uhr, So 10–23 Uhr | Tipp Das Süßwasseraquarium präsentiert die reichhaltige Flora und Fauna der Stadt an den vier Flüssen (Aquatika, Ulica Branka Čavlovića Čavleka 1a, www.aquariumkarlovac.com).

26 Die verfluchte Kirche

Eine Legende über Rache und Gerechtigkeit

Ganze drei Mal soll versucht worden sein, diese Kirche zu errichten, aber sie stürzte immer wieder ein. Die Fertigstellung wollte einfach nicht gelingen. Dafür gibt es eine »einfache Erklärung«: Die Kirche wurde verflucht. So die Legende.

Im 17. Jahrhundert wollten die Jesuiten in Kastav eine Kirche bauen lassen. Sie versklavten die Bewohner, die von Volosko und Preluk über mehrere Kilometer Steine und Sand heranschleppen mussten. Eine Frau brach vor Erschöpfung zusammen und flehte den Jesuiten an, ihr die Freiheit zu schenken. Die Witwe wollte als Dienstmagd arbeiten, damit ihre Kinder nicht Hunger leiden mussten. Der Aufseher peitschte auf die Frau ein und befahl ihr weiterzuarbeiten. Daraufhin verfluchte sie den Bau der Kirche.

Die Historiker und Wissenschaftler haben andere Theorien, weshalb die Kirche einstürzte oder nicht beendet wurde. Im Jahr 1750 gab es in Rijeka und Umgebung ein schweres Erdbeben. Vieles wurde zerstört. Wie schwer das Erdbeben war, zeigt auch Kosi toranj, der Schiefe Turm von Rijeka, der seitdem um 40 Zentimeter geneigt ist. So stürzte wahrscheinlich auch die Kirche in Kastav ein. Und das Jahrhundert, das für den Bau angegeben wird, scheint auch nicht so recht zu stimmen, denn die Erlaubnis zum Bau der Kirche soll erst 1769 durch einen Bischof erteilt worden sein. Mit dem Fundament war es wohl auch nicht zum Besten bestellt, ein weiterer Gund, weshalb sie einstürzte. Und schließlich heißt es, den Jesuiten seien plötzlich die Geldmittel ausgegangen – was aber wiederum erst im 18. Jahrhundert der Fall gewesen sein soll, wie die Befürworter der Legende gerne anführen.

Viele Bewohner von Kastav und Umgebung lassen die gelehrten Theorien und Erklärungen kalt. Der Grund dafür dürfte in der Botschaft dieser Geschichte liegen, der zufolge eine mittellose Frau das letzte Wort hatte – gegen die unmenschlichen Mächtigen.

Adresse Crekvina, 51215 Kastav | ÖPNV Buslinien 18 und 18b ab Rijeka, Linie 37 ab Opatija nach Kastav (Fahrplan unter www.autotrolej.hr/linije auf Englisch und Italienisch) | Anfahrt im Zentrum von Kastav das Auto parken, den Berg hochgehen und bei Trg Matka Laginje durch das Stadttor, noch 2 Minuten geradeaus | Tipp Wenn man zurück zum Stadttor und danach noch 50 Meter geradeaus geht, hat man einen schönen Blick auf Opatija und den Kvarner (neben dem Lokal Oštarija Fortica und hinter dem Parkplatz).

27 Das Festungstor

Zeuge verschiedener Mächte und Unruhen

Hoch über der Stadt ragen sie empor, die mächtigen Mauern der Festung Knin. Wenn man über die Holzbrücke zum Eingang der Festung geht, sieht man über dem Eingang den geflügelten Markuslöwen aus der Zeit der Venezianischen Republik. Die Steintafel ist nach zwei Seiten beweglich. So wurde einst nahenden Gegnern verschleiert, unter wessen Herrschaft sich die Festung befand. Auf der rechten Seite, wo sich heute das Restaurant befindet, war früher der Wachtposten. Geht man durch das Tor und den Tunnel, stößt man zur rechten Seite auf die Kirche der hl. Barbara, Schutzpatronin der Artillerie. Die Glocke spendete Papst Johannes Paul II. anlässlich seines Kroatienbesuchs 1994.

Die Festung diente früher als Residenz der kroatischen Könige, schon der legendäre König Zvonimir hielt hier Hof. Und auch der letzte kroatische König Petar Svačić herrschte von Knin aus und verlor hier 1097 in der Schlacht mit dem ungarischen König Koloman sein Leben. In den circa 1.200 Jahren seit ihrer Errichtung hat die Festung einige Turbulenzen miterlebt. Osmanen, Venezianer, Österreicher, Franzosen … Sie wurde Zeugin von Machtwechseln, Schlachten und Kriegen: Die Türken eroberten Knin 1522 und wurden 1688 von den Venezianern vertrieben, mit Hilfe der Kroaten und auch der orthodoxen Serben, die unter Maria Theresia hier angesiedelt wurden. Nach dem Zerfall der Venezianischen Republik 1797 kamen die Österreicher, 1805 Napoleon, 1813 wieder die Österreicher, später der serbische König, dann der kommunistische Tito. Der Aufstand der Serben und die Ernennung Knins zur Hauptstadt der Serbischen Republik Krajina (Militärgrenze) führten 1991 zum Ausbruch des Kriegs. Durch die Operation »Oluja« (Sturm) wurde das Gebiet durch die Kroaten befreit.

Möglicherweise ist es kein Zufall, dass der Berg »Spas« (Rettung) heißt. Von ihm hat man einen schönen Blick auf das Gebirge Dinara und den Fluss Krka.

Adresse Fra Luje Maruna 1, 22300 Knin | **Anfahrt** vom Zentrum südwestlich auf die Ulica kralja Tomislava, weiter auf Trg oluje, im Kreisverkehr geradeaus auf Ulica Gojka Šuška, nach 700 Metern das Auto parken und 100 Meter zu Fuß gehen | **Öffnungszeiten** Sommer: täglich 8–18 Uhr, Winter: täglich 8–15 Uhr | **Tipp** Die serbisch-orthodoxe Kirche Pokrov Presvete Bogorodice ist nur wenige Minuten entfernt und in architektonischer Hinsicht auf jeden Fall einen Blick wert. Erbaut wurde sie auf dem Fundament eines 1866 errichteten Tempels (Ulica kralja Zvonimira 62, vom Festungseingang Richtung Osten gehen).

28__Die alte Mühle

Lauschiges Flair in einer Geisterstadt

In Kotli lebten Anfang des 20. Jahrhunderts immerhin über 100 Menschen. Für den kleinen Ort war das nicht wenig. Seit den 1980er Jahren verzeichnet Kotli keinen einzigen Bewohner mehr. Das Flair vergangener Zeiten hat jedoch nichts von seinem Zauber verloren.

Wer hier einst lebte, war entweder Schneider oder Müller. Angetrieben wurden die Getreidemühlen durch den Fluss Mirna, dem mit einer Länge von 50 Kilometern längsten Fluss in der Region Istrien. Bedingt durch die Verbreitung von Elektrizität starb der Beruf des Müllers allmählich aus. Die Einwohnerzahl des Dorfes schrumpfte zusehends, weil die Mühlen keinen Gewinn mehr einfuhren und die Menschen gezwungen waren, in den Städten nach Arbeit zu suchen.

Auch wenn aus wirtschaftlichen Gründen niemand mehr in Kotli lebt, ausgestorben ist der Ort noch lange nicht. Während der Saison gibt es hier ein Restaurant, und Nachfahren der Bewohner erholen sich in den alten Häusern ihrer Vorfahren. Die weißen Felsen, die kristallklare Mirna und die alte Mühle sind so einigen Kroaten einen Ausflug wert. Wer am Meer Urlaub macht und einen Ausflug oder eine Fahrradtour ins Binnenland unternimmt, wird sehen: Hier ist Istrien mindestens genauso schön wie an der Küste.

Am Wasserfall des Flusses Mirna lässt es sich baden oder einfach kurz erfrischen. Das smaragdgrüne Wasser hat dem Ort Kotli seinen Namen gegeben: Der Fluss hat kesselförmige Löcher in den Kalkstein gegraben, die mit Wasser gefüllt sind. Im Hochkroatischen heißt Kessel »kotao«, im Regionaldialekt »kotal« – und der Plural ist »kotli«. Während Hitzeperioden im Juli und August sind die kleineren Mulden häufig ausgetrocknet, was dem Schauspiel jedoch keinen Abbruch tut.

Etwa 60 Mühlen gab es entlang der Mirna, bis 1964 waren sie in Betrieb. Eine dieser Mühlen gibt es heute noch. Den besten Blick auf sie hat man, wenn man auf dem Felsen über dem Wasserfall steht.

Adresse Kotli, 52425 Roč | **Anfahrt** von Roč aus in südliche Richtung circa 4 Kilometer bis Brnobići fahren, dort rechts abbiegen und noch 2 Kilometer weiterfahren | **Tipp** Der kleine, verlassene Ort Benčići scheint ebenso aus der Zeit gefallen (bis Brnobići zurückfahren, rechts abbiegen und der Straße circa 2 Kilometer folgen, bei der Beschilderung Ville Brisacio rechts abbiegen und knappe 2 Kilometer weiterfahren).

29 Das Sumpfgebiet

Natur, Tiere und Architektur

Krapje ist ein Teil des Naturparks Lonjsko polje und liegt direkt an der Save. Bekannt ist Lonjsko polje für seine vielfältige Flora und Fauna, besonders das Dorf Čigoć, das etwa 30 Kilometer entfernt liegt und jährlich bis zu 200 Weißstörche anlockt. Krapje hingegen ist das »Dorf des Architektur-Erbes«, wie es übersetzt heißt. Diese Auszeichnung genießt es als bisher einziges Dorf in Kroatien. Jedes Haus ist mindestens 100 Jahre alt und aus Eichenholz gebaut, ohne die Verwendung von Nägeln. Wegen der Überschwemmungen in diesem Gebiet wurden sie erhöht errichtet.

Am Eingang zum Naturpark in Krapje befindet sich die Parkverwaltung. Hier gibt es einen kleinen Souvenirladen und Ansprechpartner für Informationen.

In Lonjsko polje lebt ein ganz besonderes Tier: Das Turopolje-Schwein, das nach der Region Turopolje in Mittelkroatien benannt ist. Es ist eine sehr alte Rasse, deren Existenz seit 1352 belegt ist, die aber wahrscheinlich schon in der Antike im heutigen Kroatien lebte. Bis in die 1990er Jahre stand die Rasse kurz vor dem Aussterben, doch haben engagierte Landwirte und Verbände dies durch Züchtungen verhindern können. Das Besondere an diesen Tieren ist ihre Intelligenz, Robustheit gegen Krankheiten und ihre Anpassungsfähigkeit an unterschiedliche Klimata. Sie schwimmen, tauchen und wühlen – was von großem Nutzen für die Landwirte ist. Denn die Wühlfreude des Turopolje-Schweins sorgt für besseres Wachstum der Weiden und somit für besseres Grasen des Viehs. Während der Überschwemmungszeiten sind die Tiere im Stall, im Frühjahr und Sommer dürfen sie raus in der Natur. In Krapje sieht man auch autochthone Pferderassen, und für Vogelliebhaber steht ein Aussichtsturm zur Verfügung. Hier leben 250 Vogelarten, Krapje ist ein wichtiger Nistplatz dieser Tiere.

Bei einem Besuch sollte man an Trinkwasser, Mückenschutz und wasserdichte Schuhe denken.

Adresse Krapje 18, 44324 Jasenovac, www.pp-lonjsko-polje.hr | **Anfahrt** von Zagreb auf der A 3, Ausfahrt Lipik/Jasenovac/Novska nehmen, weiter auf der D 47 und der Beschilderung nach Krapje folgen | **Öffnungszeiten** April–Okt. Mo–Fr 8–16 Uhr, Sa, So 9–17 Uhr | **Tipp** Das Ekoetno Selo Strug (Öko-Ethno-Dorf Strug) ist 2,5 Kilometer entfernt und ideal für die Kombination Entspannung und Outdoor (Plesmo 26, vom Eingang des Naturparks in nördliche Richtung fahren, beim Schild Novska rechts abbiegen und auf der Hauptstraße weiterfahren).

30 Der griechische Anker

In einer stürmischen Nacht …

Šilo ist ein netter, kleiner Ort mit felsiger Küste in unberührter Natur. Er hat auch einen kleinen Sandstrand und einen Hundestrand. Hier liefen früher die Fähren nach Krk ein, bis die Insel 1980 durch eine Brücke mit dem Festland verbunden wurde.

An der Küste, etwa 50 Meter westlich vor Šilo, liegt das Wrack der Peltastis auf Grund. Das Schiff wird von den Inselbewohnern schlicht »Grk« (Grieche) genannt. Am Ufer kann man ihren Anker besichtigen.

Über einen so hohen Bekanntheitsgrad wie zum Beispiel die vor der Insel Brijuni gesunkene »Baron Gautsch« verfügt die Peltastis zwar nicht unbedingt, aber Einheimische und Hobbytaucher kennen sie. Das Wracktauchen erfreut sich in den letzten Jahren immer größerer Beliebtheit. An Kroatiens Küste finden sich so einige Wracks, meist aus dem 20. Jahrhundert.

Das 60 Meter lange, griechische Frachtschiff Peltastis war zum Zeitpunkt des Unglücks 16 Jahre alt. In 33 Meter Tiefe liegt das Wrack, in gerader Position. Die Spitze des Masts ragt bis auf 10 Meter unter die Wasseroberfläche empor und ist von oben sichtbar.

Die Peltastis wurde am 7. Januar 1968 im Hafen von Jurjevo, bei Senj, mit Holz beladen. Als sie auf ihrer Fahrt von einem Unwetter heimgesucht wurde, steuerte sie Rijeka an, um dort im sicheren Hafen unterzukommen. Doch die tosende Bura (Fallwind) ließ es dazu nicht mehr kommen. In der Nacht vom 7. auf den 8. Januar krachte das Schiff mit 1.500 Bruttoregistertonnen gegen einen Felsen. Von der zwölfköpfigen Besatzung überlebten nur vier Mann. Im Laufe der nächsten Tage wurden sieben Leichen geborgen, doch von Kapitän Theodoros Balesis fehlte zunächst jede Spur.

Ein Tourist aus Österreich entdeckte die Überreste des Kapitäns Theodoros Belesis. Sein Leichnam wurde in Rijeka beerdigt und später nach Griechenland überführt.

Adresse Ecke Nova cesta / Na vodici, 51515 Šilo, Insel Krk | **Anfahrt** nach der Krk-Brücke 15 Kilometer der Hauptstraße folgen, bei Maršići links und Wegweiser nach Šilo folgen, dort parken und auf Nova cesta bis zum Ufer gehen, der Anker ist in der kleinen Parkanlage direkt am Ufer | **Tipp** In Meline (südlich von Čižići) findet sich eine natürliche und gesunde Ressource: Heilschlamm. Angeblich hilft er bei Arthrose und verschafft eine schöne Haut (auf Nova cesta aus Šilo herausfahren, 2 Kilometer geradeaus, rechts abbiegen (Richtung Županje), geradeaus und bei D.Hlapa wieder rechts, noch circa 4 Kilometer weiterfahren und Wegweiser nach Čižići folgen).

31 Die Kirche Sv. Krševan

Wer sie sehen will, muss sich Zeit nehmen

Diese Kirche zu besichtigen, erfordert ein bisschen Aufwand. An der Westseite der Insel, an der Spitze Glavotoks, liegt sie, versteckt inmitten eines Waldes. Wer gerne spazieren geht oder wandert, kann die halbe Stunde von der asphaltierten Straße auch zu Fuß gehen. Von der Kirche aus gibt es mehrere Möglichkeiten für eine Wanderung. In der Nähe steht ein Schild mit Routen gekennzeichneter Wege.

Geht man auf die Kirche zu, sieht man zunächst die gerade Frontseite mit einer Holztüre, in deren Mitte eine quadratische Öffnung eingelassen ist. Um das runde Herzstück der Kirche sind drei Apsiden, halbrunde Wölbungen, gruppiert, und in den dicken Wänden befinden sich Öffnungen in Form von Kreuzen. Im Inneren der Kirche sieht man gerahmte Heiligenbilder, Grabkerzen und Vasen mit Plastikblumen.

Benannt ist die Kirche nach dem heiligen Krševan (Chrysogonus), einem Märtyrer aus Aquilea, der seinen unerschütterlichen Glauben mit dem Leben bezahlte. Der römische Kaiser Diokletian (der in Split seinen Palast bauen ließ) hielt ihn zuerst gefangen. Später bot er ihm einen Posten an, unter der Bedingung, dass er seinem christlichen Glauben abschwor. Chrysogonus lehnte ab, woraufhin Diokletian ihn köpfen ließ. Chrysogonus ist Schutzpatron der Stadt Zadar. Die Kirche Sv. Krševan wurde gebaut, als das Bistum von Krk unter das Kirchenpatronat des Erzbistums von Zadar fiel. Wahrscheinlich entstand die Kirche in der zweiten Hälfte des 12. Jahrhunderts. Ausgrabungen belegten, dass diese Stelle sowie der Bereich südlich und südöstlich der Kirche in der Spätantike und dem Frühmittelalter besiedelt war. Es fanden sich unter anderem aus Stein erbaute Räume sowie Geschirr aus dem 3. bis 7. Jahrhundert. Eigentlich ist es schade, dass diese Kirche so abgeschieden und versteckt liegt, doch das macht sie vielleicht zusätzlich attraktiv.

Adresse Crkva Svetog Krševana, 51511 Milohnići, Insel Krk | Anfahrt nach der Krk-Brücke circa 20 Kilometer auf der D 102 Richtung Süden fahren, dann rechts auf die D 104 abbiegen, nach 6 Kilometern rechts Richtung Glavotok, 4 Kilometer bis Milohnići, dort der Beschilderung zur Kirche folgen, von der Asphaltstraße abbiegen und 2 Kilometer auf einem steinigen Weg weiterfahren, Auto parken und dem Wegweiser folgen | Tipp Im Ort Milohnići empfiehlt sich die Konoba Pud brest. An kälteren Tag bietet der Innenbereich eine klasse Atmosphäre, besonders im ersten Stock (Milohnići 41).

32 Das verlassene Dorf Dolova

Für Naturliebhaber mit ein bisschen Mut und Neugier

Wer einen Kontrast zu den Touristengruppen an der Küste oder der Stadt Krk sucht, der besuche Dolova, auch Dolovo genannt. Das verlassene Dorf liegt ein ganzes Stück abseits der Straße, in wilder Natur und absoluter Stille. Nur hin und wieder hört man ein Knacken, ein scheues Tier wahrscheinlich, das Reißaus nimmt. Manchmal verschlägt es ein oder zwei Touristen hierher, doch kann es auch passieren, dass man keinem Menschen begegnet.

Sicherheitshalber sollte man bei diesem Ausflug lange Hosen und Ärmel tragen. Man muss sich hin und wieder durch hängende Äste den Weg freimachen und über verwilderte Wege laufen. Der Boden ist an einigen Stellen uneben, und man geht über verwuchertes Gras und herumliegende Zweige. Um Stolpern oder Umknicken zu vermeiden, kann man einen der Äste aufheben, um den Boden vor sich abzutasten. Das betrifft aber nur einige Stellen des Weges. Letztendlich muss jeder für sich selbst entscheiden, ob er diesen Ausflug machen möchte, denn in einem solch urwaldähnlichen »Geisterdorf« ist der Zustand nun einmal so, wie er ist.

Im Dorf angekommen, kann man sich beim Anblick des verwilderten Grüns und der bröckelnden Wände kaum vorstellen, dass hier einmal Menschen lebten, die Nachbarn miteinander einen Plausch hielten und ihre Grundstücke pflegten. Im Jahr 1780 wohnten 128 Menschen in Dolova. Hundert Jahre später waren es nur noch 30, mit einem leichten Anstieg in den nächsten Jahrzehnten. Doch ab 1920 sank die Einwohnerzahl rapide. Waren es vor dem Zweiten Weltkrieg noch 15, blieben 1971 nur noch vier Einwohner übrig. Zehn Jahre später verzeichnete man bei der Volkszählung die Zahl 0. Die letzten Einwohner (vermutlich ältere Menschen) haben in ihren Häusern und Ställen auch Schuhe, Kleidung und Geschirr zurückgelassen. Es ist ein Stückchen Zeitdokument, und deshalb bleibt Dolova zwar verlassen, aber nicht ganz vergessen.

Adresse Dolova, 51514 Dobrinj, Insel Krk | **Anfahrt** nach der Krk-Brücke 15 Kilometer der Hauptstraße folgen, bei Maršići links, durch den Ort Gabonjin fahren, danach rechts Richtung Kras abbiegen, 200 Meter geradeaus, links und nach 200 Metern bei der Gabelung links, am Friedhof parken und zu Fuß weiter; links am Friedhof vorbeigehen, gleich wieder rechts und dann links, geradeaus weiter bis Beschilderung Dolova, den Weg rechts einschlagen, Markierungen an den Bäumen folgen | **Tipp** Im Ort Vrbnik gibt es die Gasse Klančić, die mit 43 Zentimeter Breite eine Herausforderung ist (hinter Kras und Garica dem Wegweiser nach Vrbnik folgen, im Zentrum von Vrbnik von der Roč ulica 100 Meter östlich Richtung Ufer gehen).

33_Der älteste Weinkeller

Nicht nur für Weintrinker ein Erlebnis

Die Zisterzienser kamen zu Beginn des 13. Jahrhunderts aus Frankreich in diese Gegend. Sie wollten herausfinden, ob die Voraussetzungen für guten Weinanbau gegeben waren. Das waren sie offensichtlich, denn heute hat die Region Požega-Slavonija mit diesem Weinkeller einige Qualitätsweine vorzuweisen. So nahm also 1232 alles seinen Anfang, und damit ist es der älteste Weinkeller des Landes. Im Laufe der Zeit wechselten die Besitzer, doch hatte die Familie Turković besonderen Einfluss auf die Entwicklung. Ende des 19. Jahrhunderts hat sie das Anwesen in den Weinbergen stetig erweitert. Ab den 1940er Jahren war der Betrieb Staatseigentum, seit 2003 wird Kutjevački podrum (Kutjevos Keller) wieder von privater Hand geführt. Kontinuierlich wird der Anbau vergrößert, und auch die Präsentation auf dem internationalen Markt ist heute deutlich engagierter als früher.

Um eine Anekdote kommt dieser Weinkeller nie herum: Kaiserin Maria Theresia und Franz Freiherr von der Trenck sollen sich hier eine Woche verschanzt haben, um ihrer Leidenschaft zu frönen. Während der Führung durch den Weinkeller kommt man auch an ihrem Zech-Raum vorbei, zu dem sie durch einen unterirdischen Gang vom Schloss Kutjevo gelangt sein sollen.

Gefertigt werden die Fässer aus slawonischer Eiche, dem Holz, das seit jeher in Kroatien besonderen Status genießt. Das Weinarchiv enthält 70.000 Flaschen, seit 1947 wird hier unter strengster Temperaturregelung Wein archiviert.

Es gibt verschiedene Varianten der Führung. Man kann entweder nur den Weinkeller besichtigen oder zusätzlich unter verschiedenen Weinproben wählen. Nebenan ist ein Geschäft, in dem man die Produkte erwerben kann. Hier gibt es auch kleinere Flaschen, so kann man später in Ruhe die Sorten probieren. Gerne wird ein Vers aus einem Lied zitiert, in dem es heißt, es sei eine Sünde, nach Kutjevo zu kommen und es nüchtern wieder zu verlassen …

Adresse Kutjevački podrum, Ulica Zdenka Turkovića 1, 34340, Kutjevo, www.kutjevo.com | Anfahrt vom Stadtzentrum auf Ulica Republike Hrvatske Richtung Norden fahren, vor dem Schloss rechts und gleich wieder links, geradeaus bis zum Parkplatz | Öffnungszeiten Weinkeller: Mo–Fr 7–15 Uhr, außerhalb der Öffnungszeiten finden Führungen nur unter vorheriger Anmeldung statt, Tel. +385/98299588, agroturizam@kutjevo.com, Geschäft: Mo–Fr 8–20, Sa 8–16 Uhr | Tipp Wer dem Naturpark Papuk so nahe kommt, sollte unbedingt die 25 Kilometer Fahrt investieren (Richtung Westen auf Zagrebačka ulica fahren, nach 20 Kilometern rechts abbiegen und noch 6 Kilometer weiterfahren).

34 Der Himmel über Lastovo

Die Insel, die man auch abends entdecken kann

Wer sich von Split aus nach Lastovo aufmacht, findet sich meist in einem Katamaran oder auf einer Fähre wieder, die voller Leute ist. Viele steigen auf Hvar aus, und die nächste große Gruppe auf Korčula. Übrig bleibt eine Handvoll Reisender, die nach Lastovo wollen. Schade, dass es nicht mehr sind. Sicher, die Insel liegt ein bisschen abgelegen. Aber bei zwei Wochen Urlaub wäre es eine Überlegung wert, noch ein Stündchen bis nach Lastovo zu investieren. Satte 70 Prozent Lastovos sind bewaldet, weshalb man sie als »grüne Insel« bezeichnen kann. Sie lässt sich am besten per Fahrrad oder auf Wanderwegen erkunden.

Im Ort Lastovo, im nordöstlichen Teil der Insel, kann man Schornsteine entdecken, die in ihrer Bauart einzigartig sind, es gibt sie nur auf dieser Insel. Spätabends ist es hier sehr schön, wenn die Lichter in den Straßen und aus den alten Häusern leuchten.

Abends, wenn man in dem Küstendorf Ubli den Sonnenuntergang beobachtet, kristallisiert sich die Entfernung zum Festland als Vorteil heraus. Ein bisschen fühlt man sich dabei wirklich wie am Ende der Welt, auf dieser unberührten und ruhigen Insel. Ubli liegt an der Westseite von Lastovo, und hier befindet sich auch der Hafen. Wenn die Sonne untergeht, wandert der Blick zu den Inselchen Bratin und Vlašnik. Zur rechten Seite liegt die etwas größere Insel Prežba. Wer länger hier war, wird zu Hause diesen Sonnenuntergang und die Sternennächte vermissen.

Und wer nach Sonnenuntergang noch nicht schlafen gehen möchte, der sollte in den Ort Hum fahren, etwa vier Kilometer östlich von Ubli. Auf dem Berg kann man bei klarem Wetter wunderbar den Sternenhimmel oder die Milchstraße sehen. Natürlich kann man auch in Hum einen schönen Sonnenuntergang und danach den Sternenhimmel beobachten. So oder so: Es empfiehlt sich, eine Taschenlampe mitzunehmen, da es stockdunkel werden kann.

Adresse Ubli (auch Uble genannt), 20280 Lastovo | **Anfahrt** mit Fähre oder Katamaran von Split, Hvar, Korčula oder Dubrovnik, Tickets im Hafen kaufen oder online: www.jadrolinja.hr; oder mit dem Unternehmen G&V Line in den Sommermonaten per Katamaran von Dubrovnik bis Lastovo, Tickets kauft man auf dem Katamaran oder in Dubrovniks Hafen (Zeiten für das Verkaufshäuschen auf der Website einsehen!) | **Tipp** Bis 1989 war Lastovo Militärzone und für Ausländer gesperrt. Im Ort Pasadur gibt es eine kleine Verbindungsbrücke, die auf die kleine Insel Prežba führt. Hier ist ein Militärbunker aus dieser Zeit. Man sieht den Bunker von Pasadur aus.

35 Die Buden am Limes

Regionale Lebensmittel am Straßenrand

Von billigem Ramsch »Made in irgendwo in Asien« hält man in Kroatien nicht viel. Sicher, in den Touristen-Ballungsgebieten gibt es auch Kitschiges in schlechter Qualität. Doch stammt das vielfältige Angebot an Authentischem hauptsächlich aus der jeweiligen Region. Vieles hat mit Essen und Trinken zu tun, denn die Kombination von Genuss und Qualität wird in Kroatien definitiv großgeschrieben. Honig, Käse, Wein, Liköre, Trüffel, Schokolade und vieles mehr. Wer keine Lebensmittel kaufen möchte, hat eine große Auswahl an Lavendelprodukten oder Kosmetik aus Olivenöl. Der Kreativität sind hier kaum Grenzen gesetzt.

Tatsächlich gibt es genügend schöne Läden mit breitgefächertem Sortiment, aber auch kleine Buden mit Honig und Olivenöl. Einige Stände wiederum erinnern an kleine Supermärkte, mit verschiedenen Angeboten. Manchmal findet man sie sogar am Straßenrand, wie in Marasi. Hier hat man die Qual der Wahl. Man kann sich Zeit lassen und in Ruhe auswählen, denn die Verkäufer sind alles andere als gestresst. Sie kennen ihre Produkte genau und beraten gerne.

Die Stände in Marasi findet man zwischen Rovinj und Vrsar, an der Nordseite des Limski zaljev, manchmal auch Limski fjord oder Limski kanal genannt. Zur Klärung seiner verschiedenen Bezeichnungen sei gesagt, dass es sich hier nicht um einen Fjord handelt, da er nicht durch Gletscher entstanden ist. Diese Bezeichnung bekam er durch den Film »Die Wikinger«, für den einige Szenen hier gedreht wurden. Es handelt sich vielmehr um eine Ria, gebildet durch Flusstäler. »Zaljev« heißt Golf/Bucht und ist somit die korrekte Bezeichnung. »Kanal« trifft auch nicht zu, da er auf natürliche Art entstanden ist. »Lim« ist der Limes, »Limski« im Genitiv. Der Limes-Graben trennte zur Zeit der Römer die Gebiete um Pula und Poreč. Es wäre irgendwie schade, den schönen Limes ohne istrische Köstlichkeit zu verlassen.

Adresse 52448 Marasi (an der D 75 und D 21), am nordöstlichen Teil des Limski kanal | **Anfahrt** D 75 oder D 21, Beschilderung Rovinj und Limski kanal folgen, wenn man von Norden kommt, fließen D 75 und D 21 im Ort Marasi ineinander, kurz danach, Richtung Süden, befinden sich die Verkaufsstände auf der rechten Seite | **Öffnungszeiten** bei schönem Wetter etwa Mai – Spätsommer ganztags, aber auch um die Neujahrsfeiertage | **Tipp** Das Auto bei den Ständen parken und ein paar Schritte in nördliche Richtung gehen. Es gibt an mehreren Stellen die Möglichkeit, einen Weg zur linken Seite einzuschlagen. Dann hat man einen Blick auf Limski kanal, und an der Nordseite ist er sowieso am schönsten.

36 Die Dolomit-Felsen

Naturwunder auf der mystischen Insel

Die Überfahrt von Dubrovnik dauert zehn Minuten. Nicht nur für Fans von »Game of Thrones« ist Lokrum einen Ausflug wert. Die Insel stellte in der Serie die Stadt Qarth dar. Übernachten darf man auf Lokrum nicht, spätestens mit dem letzten Boot muss jeder die Insel verlassen. Doch auch innerhalb eines halben oder ganzen Tages lässt sich Interessantes entdecken. Bei Ankunft am Hafen gibt es ein Infoschild, und die Wegweiser auf Lokrum helfen bei der Orientierung.

Die gesamte Insel besteht aus Kalkgestein und Dolomit. Die hellen Felsen an der südwestlichen Seite sind etwa 85 Millionen Jahre alt. An manchen Stellen sind sie stufenförmig, löchrig oder haben Einbuchtungen, in denen sich kleine Wasserpfützen sammeln. Es gibt Stellen mit glatten Oberflächen, doch auch Geröll findet sich. Unterbrochen wird das Bild von grünen, kleinen Büschen oder Gräsern, die dazwischen hervorsprießen.

Lokrum umgibt ein Mysterium. Im 11. Jahrhundert war die Insel im Besitz der Benediktiner, die hier eine Abtei errichteten. Richard Löwenherz soll hier 1192 nach einem Schiffbruch gestrandet sein. Im Jahr 1798 kauften die reichen Bürger Dubrovniks die Insel – nach 800 Jahren jagte man die Benediktiner fort, und die Regierung ließ dies einfach geschehen. Die Mönche verfluchten jeden, der aus Vergnügen auf Lokrum weilte. Offenbar mit Erfolg: Erzherzog Maximilian I., Kronprinz Rudolf von Österreich und Ungarn (Sohn von Kaiser Franz Joseph I. und Kaiserin »Sissi«), Ludwig II. von Bayern – sie alle waren auf Lokrum und fanden kurz darauf ein tragisches Ende. Erzherzog Franz Ferdinand plante nach seinem Besuch in Sarajevo einen Aufenthalt auf Lokrum, doch dazu sollte es nicht mehr kommen. Nachdem er in Sarajevo erschossen wurde, brach der Erste Weltkrieg aus. Ein bisschen verrückt sind diese Zufälle durchaus. Aber wenn man kein Monarch ist, hat man nichts zu befürchten.

Adresse Lokrum, 20000 Dubrovnik | Anfahrt Überfahrt vom Hafen in der Altstadt von Dubrovnik (nicht in Dubrovniks Haupthafen Gruž!), den Stradun in östliche Richtung bis zum Ende gehen, dann links und gleich wieder rechts, ein paar Schritte geradeaus: dort stehen die Boote und ein kleiner Stand, an dem man Tickets kaufen kann | Öffnungszeiten Boote verkehren Juni – Sept. alle 30 Minuten 9 – 19 Uhr, Mai, Okt. stündlich 10 – 17 Uhr | Tipp Nur wenige Schritte von den Felsen entfernt Richtung Osten liegt Mrtvo more (Totes Meer), wo man unter Felsen in seichtem Wasser baden kann, deshalb auch für Familien mit Kindern gut geeignet.

37__Das Naturhaus

Kräuterliköre mit Gebrauchsanweisung

Der Gründer Vid Arbanas hatte schon immer eine Aversion gegen chemische Getränke, wie er sie nennt. Doch die Initiative für die natürlichen Liköre ergriff seine Frau Mira. Als sie schwer erkrankte, begann das Ehepaar, in alten Büchern Kräuterkunde zu studieren. Sie sammelten Kräuter, Wurzeln, Früchte ... was die Natur mit ihrer heilenden Kraft anbot. Vids Frau wurde wieder gesund, doch die beiden hatten längst ihre Leidenschaft entdeckt: Die Heilkraft der Pflanzen nutzen, um Liköre herzustellen. Die Kräuter werden von Frühling bis Herbst gepflückt und auf dem Dachboden des Hauses getrocknet.

Im September 2011 eröffneten sie ihre Kuća prirode, ihr »Haus der Natur«. Wenn man es betritt, befindet sich zur Linken eine kleine Galerie mit Bildern und Fotografien hiesiger Künstler. Auf der anderen Seite des Raumes liegen die Probierstube und der Verkaufsraum.

Vid Arbanas erklärt anschaulich und geduldig, wie man welchen Aperitif, Digestif oder Dessertlikör trinkt. Es gibt fünf Liköre zur Auswahl. Den Aperitiv San Hubert beispielsweise, der 57 Kräuter und sieben Waldfrüchte enthält, trinkt man in kleinen Schlucken, wenige Minuten vor dem Essen. Der Digestif Papra enthält 14 Kräuter und vier Wurzeln. Er schmeckt leicht pikant. Zunächst verbleibt der Likör im Mund, bis es anfängt, ein wenig zu piksen. Erst dann wird er hinuntergeschluckt. Der Dessertlikör Divlja ruža (Wildrose) riecht intensiv nach Rose, obwohl darin 21 Kräuter, sieben Waldfrüchte und Traubenschnaps enthalten sind. Man kann ihn mit Eiswürfeln trinken, im Gegensatz zum Papra. Eine 0,5-Liter-Flasche kostet derzeit 60 Kuna, eine 0,75-Liter-Flasche 80 Kuna. Vid Arbanas spricht Deutsch, Englisch und Italienisch. Eine Anmeldung ist empfehlenswert, weil manchmal Gruppen reserviert haben. Vor dem Besuch sollte man unbedingt essen, da die Liköre um die 30 Prozent Alkohol enthalten.

Adresse Kuća prirode Kotač, Rudolfa Strohala 127, 51316 Lokve, www.kucaprirode.com | **Anfahrt** E 65, bei Lučice Ausfahrt Delnice nehmen, danach noch 3,5 Kilometer dem Wegweiser nach Lokve folgen | **Öffnungszeiten** Termin unter kotac.lokve@gmail.com oder Tel. +385/989659156 | **Tipp** Die Höhle Lokvarka ist beinahe Pflicht, wenn man schon in Lokve ist. Man findet endemische Flora und Fauna auf einer Länge von 1.179 Metern (in östliche Richtung circa 150 Meter fahren, dann rechts und gleich wieder links abbiegen, 1 Kilometer fahren, bis auf der linken Seite eine Beschilderung zur Höhle auftaucht).

38 Das Zentrum der Welt

Müssen Knotenpunkte immer Millionenstädte sein?

»Stadt der Wunder und Legenden« – so der Beiname von Ludbreg, und das kommt nicht von ungefähr. Bereits zu der Frage, wie die Stadt zu ihrem Namen kam, existieren mehrere Legenden. Eine besagt, dass ein Adliger namens Lodbring die Stadt um das Jahr 1100 eroberte. Einer anderen Legende zufolge soll eine Frau nach dem Verlust ihres Kindes den Ort verwünscht haben: »Verflucht sei dieser verrückte Berg!« So nämlich heißt Ludbreg übersetzt, »verrückter Berg«. Und dann gibt es noch eine dritte Legende: Die Stadt ist nach Ludbrega benannt. Sie soll den Teufel mit einem Kreuz aus Holz so tief in die Erde gestoßen haben, dass er am anderen Ende wieder herauskam. Ludbrega wurde am 1. April 1141 geboren, und ihr zu Ehren gibt es jährlich am 1. April eine Veranstaltung, bei der eine neue Ortstafel auf dem Mosaikkreis hinzukommt. Darauf befinden sich die Namen der Städte und die Angaben zur Entfernung.

Ludbreg war schon immer ein Ort der Mythen. Einst haben hier Wahrsager und Magier gelebt, und viele Jahrhunderte später geschah 1411 angeblich ein Wunder in der Kapelle des Schlosses Batthyany. Während des Gottesdienstes hat sich der Wein in das Blut Jesu Christi verwandelt, so die mündliche Überlieferung. Dieses Ereignis wurde 1513 von Papst Leo X. anerkannt – derselbe Papst übrigens, der Martin Luther exkommunizierte.

Die Stadt, die 8.400 Einwohner zählt, ist in geografischer Hinsicht das Zentrum der Welt, heißt es. Wenn man sich den Weltatlas ansähe, könne man dies durch die Breitengrade errechnen. Bereits zu Zeiten der Römer sollen hier die Erdkreise erfunden worden sein. An der Stelle des heutigen Ludbreg befand sich in der Antike Castrum Iovia, ein wichtiger Handels- und Verkehrsweg nach Mursa (heute Osijek).

Ludbreg ist irgendwie anders. Es hat einen Hauch von Mythos, der sich wissenschaftlich nicht bemessen lässt …

Adresse Trg Svetog Trojstva, 42230 Ludbreg | **Anfahrt** aus Westen auf Ulica Ljudevita Gaja in östliche Richtung fahren, links abbiegen in die Ulica Petra Zrinskog, an der Kreuzung links auf Ulica Matije Gupca, nach 100 Metern kommt man auf Trg Svetog Trojstva und geht in die Fußgängerzone | **Tipp** Zum sogenannten »Kroatischen Amazonas« ist es mit dem Auto weniger als eine halbe Stunde. Die Mündung der Mura in die Drava und das Reservat Veliki Pažut sind ein Erlebnis für Natur- und Tierliebhaber (48317 Legrad, circa 20 Kilometer östlich von Ludbreg).

39 Die rosa Kapelle

Klein, rund und in zarter Farbe

In der Nähe von Senjska Draga liegt der kleine Ort Majorija, der selten auf einer Karte verzeichnet ist. Hier findet man die ungewöhnliche Kapela Svetog Mihovila (Kapelle des heiligen Michael.)

Die Kapelle steht auf einer Anhöhe, und unter ihr ist eine Fontäne, aus der das Wasser des Velebit-Gebirges fließt. Die Fontäne heißt Carsko vrilo (Kaiserquelle) und ist Ferdinand I. von Österreich gewidmet. Die Inschrift datiert auf das Jahr 1837. Ebenso findet sich der Name des Baumeisters: Josip Kajetan Knežić. Der Text ist in Kroatisch, Lateinisch und Deutsch. Seinen Namen hat Knežić hier etwas »umgedeutscht«, wahrscheinlich weil er viele Jahre (1786–1848) österreichischer Offizier war. Später wurde er aufgrund seiner Fähigkeiten und seines Fleißes Ingenieur und Baumeister. Nicht nur der moderne Straßenbau ist zu großen Teilen auf ihn zurückzuführen, auch Brücken, Obelisken und Fontänen hat er hinterlassen. Während des Straßenbaus zwischen Senj und Karlovac lebte Knežić ganz in der Nähe der heutigen Kapelle, in einem bescheidenen Häuschen samt Büro. Da er den Titel eines Majors trug, nannte man diesen Abschnitt Majorija, so bekam der Ort später auch offiziell diesen Namen.

Wie die Fontäne, so ist auch die Kapelle im Stil des Klassizismus von ihm erbaut worden. Eigentlich stammt Knežić aus Petrinja in Mittelkroatien, doch wollte er in Majorija beerdigt werden. Viele Jahre hat er in der Nähe der Küste gearbeitet und gelebt, sodass sie irgendwann zu seinem Zuhause wurde. Hinter der Kapelle ist er begraben. Wenn man um die Kapelle herumgeht, sieht man unter einem niedrigen Steinbogen eine Gedenktafel. Sie stammt von den Einwohnern Senjs, als Dank und Anerkennung für seine Arbeit. Heute ist die Infrastruktur selbstverständlich, und man kann sich kaum vorstellen, welche Bedeutung es für die Menschen einst hatte, dass die Städte und Orte miteinander verbunden wurden.

Adresse Kapela svetog Mihovila, Majorija, 53270 Senjska Draga | **Anfahrt** von Senj in südöstliche Richtung auf Ulica Kaetana Knežića fahren, Straße geht in die D 23 über, nach circa 12 Kilometern (insgesamt) fährt man in den Ort Majorija, kurz nach dem Ortschild ist die Kapelle auf der rechten Seite | **Tipp** Wenn man auf der D 23 weiter Richtung Westen fährt, kommt nach 600 Metern ein unscheinbarer, kleiner Parkplatz. Hier bietet sich ein schöner Ausblick über ein grünes Tal und das Meer.

40 Die Blumeninsel

Das Autochthone mit dem Exotischen verbinden

An heimischen Pflanzen, Blumen und Kräutern mangelt es Lošinj nicht. Überhaupt gibt es auf den Kvarner Inseln einen unglaublichen Reichtum an autochthonen Pflanzen- und Kräuterarten.

Cres und Lošinj waren einmal miteinander verbunden. Vermutlich wurden sie von den Illyrern voneinander getrennt, um einen Durchgang für Handelsschiffe zu schaffen. So wurden aus der Insel Apsyrtides die Inseln Cres und Lošinj. Heute befindet sich an dieser Stelle eine Brücke. Im 19. Jahrhundert erwachte das pittoreske Lošinj aus seinem Dornröschenschlaf. Es entstanden mehrere Werften, viele Männer fuhren zur See, wurden Matrosen und Kapitäne. Wie das benachbarte Opatija wurde bald auch Lošinj wegen seines mildes Klimas und der heilenden Vegetation sehr beliebt. Der Tourismus nahm seinen Anfang. Ende des 19. Jahrhunderts wurde es zum Kurort erklärt. Bis heute kommen viele Besucher, die an Atemwegserkrankungen oder Allergien leiden und auf die Heilwirkung der Inselvegetation schwören. Der Aufenthalt auf Lošinj gilt als eine Art Aromatherapie.

Auf der Insel gibt es 1.018 Pflanzenarten, davon sind 939 autochthon – und die restlichen 79? Durch die Seefahrt gelangten die Matrosen und Kapitäne auf ferne Kontinente. Von dort brachten sie exotische Pflanzen mit nach Hause. Vielleicht waren die Pflanzen auch ein wenig Prestige, da sie damals den Duft der großen weiten Welt symbolisierten. Jedenfalls pflanzten die Seefahrer und ihre Familien die Exoten in ihre Gärten, und wegen des warmen Klimas gediehen die Blumen und Früchte prächtig. Auf Lošinj muss man nicht lange suchen, möchte man Magnolien sehen oder Agaven, Kakteen, Palmen und Eukalyptus. Heute ist ein Kaktus in Europa nichts Außergewöhnliches mehr, doch war er damals in einem Lošinjer Garten ein absoluter Exot. So wie auch die violette Bougainvillea, die man im Frühjahr und Sommer häufig auf der Insel sieht.

Adresse 51550 Mali Lošinj | Anfahrt von Brestova die Fähre nach Cres nehmen und dann bis Osor fahren, im südwestlichen Teil der Insel, über die Verbindungsbrücke gelangt man nach Mali Lošinj (Infos und Tickets für die Fähre unter www.jadrolinija.hr); von mehreren Orten oder Städten aus kann man auch mit dem Bus anreisen (Infos und Tickets unter www.getbybus.com) | Tipp Im Miomirisni vrt findet man einen idyllischen Kräutergarten. Dort gibt es auch einen Laden mit Lebensmitteln und Kosmetika, die aus heimischen Kräutern hergestellt sind (Bukovica 6, von der Bucht auf der Ulica braće Ivana i Stjepana Vidulića 700 Meter in südöstliche Richtung, beim Straßenende rechts).

41 Der Bahnhof

Als die Kaiser noch Zug und Straßenbahn fuhren

Es ist lange her, dass die Monarchen per Zug nach Opatija kamen. Hier begann der Tourismus Kroatiens. Opatija bedeutet übersetzt Abtei – ein Hinweis auf die Entstehungsgeschichte der Küstenstadt, die auf die Benediktiner zurückgeht. Der frühere Name Abbazia hat im Italienischen dieselbe Bedeutung.

1860 verbrachte Kaiserin Maria Anna von Österreich einen mehrmonatigen Aufenthalt in der Villa Angiolina, was bei den österreichischen und ungarischen Aristokraten Interesse weckte. Ein Händler aus Rijeka namens Scarpa hatte Opatija bereits zum gesellschaftlichen Durchbruch verholfen, zunächst jedoch nur regional. In seiner 1844 errichteten Villa Angiolina versammelte sich die Oberschicht des Kvarner. Heute ist in dieser Villa das Tourismus-Museum.

Die Strecke Wien–Opatija wurde 1873 fertiggestellt. In den ersten 30 Jahren wurden die adligen Touristen per Kutsche ins nahe Opatija gebracht. Später fuhren sie mit der Straßenbahn, deren Betrieb 1933 wieder eingestellt wurde. Erstmals wurde Opatija 1883 in dem Reiseführer »Abbazia – Idylle von der Adria« erwähnt. Sechs Jahre später erklärte Kaiser Franz Joseph I. Opatija zum Kurort der österreich-ungarischen Monarchie, zu der Kroatien gehörte. Im Jahr 1884 öffnet das erste kroatische Hotel seine Pforten, das Hotel Quarnero (später Kvarner).

Im hinteren Teil des Bahnhofsgebäudes befindet sich der ehemalige Wartesaal. Die Tür ist zwar verschlossen, doch hat man durch die Glasscheiben einen guten Einblick. Das Inventar im Wartesaal ist, in Anbetracht seines Alters, in recht gutem Zustand. Nicht, dass es in einem Wartesaal allzu viel zu sehen gäbe, außer Bänken und Fahrkartenschaltern. Das Interessante ist vielmehr der historische Hintergrund, wobei man nicht umhinkommt, sich Kaiser Franz Joseph I. und Sissi vorzustellen, wie sie auf ihre Eisenbahn warten – wobei es wahrscheinlicher ist, dass die Eisenbahn auf *sie* wartete.

Adresse Ulica Vladimira Nazora, 51211 Matulji | **Anfahrt** von Opatija Richtung Nordosten auf Nova cesta Richtung Matulji fahren, dort auf die Šmogorska cesta und nach 100 Metern links auf Ulica Vladimira Nazora; bis zum Ende fahren | **Tipp** Für Freunde des Fast Foods empfiehlt sich das Fast Food Buddy's, das wirklich gute Hamburger und Sandwiches im Angebot hat (Trg Maršala Tita 39, die Straße zurückfahren und rechts auf Šmogorska cesta abbiegen, nach 100 Metern rechts und geradeaus).

42 Die Bootstafeln

Ein kurzer Überblick über eine lange Tradition

Mošćenička Draga liegt zwölf Kilometer südlich von Opatija. Ein kurzer Abstecher wäre also eine Überlegung wert.

An einer Mauer am Ufer in unmittelbarer Nähe zum Ekomuzej (Ökomuseum) hängen die Tafeln, die von der Tradition des Fischfangs und den verschiedenen Fangmethoden erzählen. Wer sich ein wenig Zeit nimmt, kann hier auch etwas über die unterschiedlichen Boote, ihre Bauart und Funktion erfahren. Neben dem kroatischen Text gibt es eine englische Übersetzung. Und auch wenn der Platz natürlich begrenzt ist, bekommt man so einen guten Überblick über die lange Geschichte der Fischerei von Mošćenička Draga und der Region Kvarner.

Wer es genauer wissen will, geht ins Interpretationszentrum im Ekomuzej (Trg slobode 7). In der Abteilung Kuća od mora (Haus des Meeres) wird die Geschichte der Fischerei, die viele Jahre Teil von Mošćenička Draga war und zum Teil heute noch ist, veranschaulicht. Weitere Themen sind das harte Leben der Fischer, ihre Boote und der Schiffbau. Die Seefahrt hat in Kroatien eine lange Tradition, auch wenn dieser Job heutzutage weniger begehrt ist, weil die Konkurrenz aus anderen Ländern zugenommen hat.

Groß ist das Interpretationszentrum mit seinen knapp 60 Quadratmetern nicht, aber dafür multimedial, und die geballten Informationen sind gut präsentiert. Man erfährt auch einiges über die Ausstattung eines Fischers, zum Beispiel über die Fischernetze und wie sie geflickt werden. Ein großer Teil der Ausstellungsstücke stammt von den Bewohnern des Ortes und ihren Vorfahren.

Der Besuch im Kuća od mora im Ekomuzej ist sicher aufschlussreich und führt mit seinen authentischen Ausstellungsstücken viel tiefer in das Thema ein, als es die Tafeln können. Doch wer nur auf der Durchreise ist und nicht die nötige Zeit für die Ausstellung hat, der erfährt auch auf den Tafeln einiges über das Thema.

Adresse Marina / Hafen, 51417 Mošćenička Draga | ÖPNV Buslinie 32 und 32a verkehren zwischen Rijeka und Mošćenička Draga, allerdings fahren sie manchmal nur bis Lovran (aktueller Fahrplan auf www.autotrolej.hr/linije, nach unten scrollen und auf »32, 32a« klicken) | Anfahrt B 66 nach Mošćenička Draga, auf der Hauptstraße ins Zentrum; dort bis zum Ufer gehen, bei der Marina links, unter dem Weg Trg slobode sind die Schilder | Tipp Wenn man noch ein Stückchen weitergeht, findet man ein wildes, felsiges Stückchen Bademöglichkeit mit Treppe zum Meer.

43 Die kleine Brücke

Auf zwölf blauen Metern ist sie unentbehrlich

Es gibt die unterschiedlichsten Brücken in Kroatien, verschiedenster Bauart und Größe. Wie etwa die Krk-Brücke mit 1.430 Metern oder die rote Maslenica Brücke, die auch zum Bungeejumping genutzt wird. Diese Brücke, die das Festland mit der Insel Murter verbindet, ist nicht mondän – aber niedlich.

Die Insel Murter gilt als Tor des Archipels Kornati. George Bernard Shaw schrieb: »*On the last day of the Creation God desired to crown his work and thus created Kornati Islands out of tears, stars and breath.*« Benannt wurde Murter nach dem Mortarium – ein Gefäß der alten Römer, das auf der Insel zur Gewinnung von Olivenöl eingesetzt wurde.

Wer auf Nachtleben aus ist, der muss sich auf eine andere Insel begeben. Murter ist ruhig und beschaulich. Die Inselbewohner leben auch heute noch teilweise von Fischfang und Landwirtschaft. Schon vor langer Zeit haben sie sich durch den Holzschiffbau hervorgetan. In Betina liegen eine Werft und ein Museum zu dieser Tradition, in der Ulica Vladimira Nazora 7.

Murter besteht aus vier Ortschaften: Murter, Betina, Jezera und Tisno. Wer auf die Insel möchte, gelangt zunächst in den Ort Tisno. Hier liegt ein enger Pass, der die Insel vom Festland trennt, weshalb er auch diese Bezeichnung bekommen hat – im dalmatinischen Dialekt bedeutet »tisno« eng/knapp.

Seit Anfang des 18. Jahrhunderts gibt es hier eine Brücke, rund hundert Jahre später wurde die kleine blaue Brücke gebaut. Sie ist beweglich: Von Anfang Mai bis Ende September können Boote den schmalen Durchgang zweimal täglich passieren: zwischen 9 bis 9.30 Uhr und zwischen 17 bis 17.30 Uhr. In dieser Zeit steht die Brücke in senkrechter Position. Von Anfang Oktober bis Ende April ist das nur montags, mittwochs und freitags von 9 bis 9.30 Uhr der Fall. Die Brücke ist zwölf Meter lang und 2,80 Meter breit. Sie ist schlicht, leistet aber zweifellos gute Dienste.

Adresse 22240 Tisno, Insel Murter | **Anfahrt** D 8, Beschilderung nach Murter folgen und links auf die D 121 abbiegen; Beschilderung nach Tisno folgen | **Tipp** Im Norden der Insel liegen die Ruinen der römischen Siedlung Collentum und die Überreste einer römischen Zisterne. Sie wurde vermutlich im 2. Jahrhundert von Seeräubern geplündert und zerstört (zwischen Murter und Betina auf die Straße Put Gradine fahren und der Beschilderung Rimska Cisterna folgen).

44 Der Turm

Das älteste Gesetzbuch

Das älteste Gesetzbuch Kroatiens wurde in Novi Vinodolski verfasst, deshalb heißt es auch »Vinodolski zakonik«, das Gesetz (beziehungsweise der Kodex) von Vinodol. Es ist das zweitälteste Gesetzbuch in slawischer Sprache. Nur das russische ist wenige Jahre älter. Verfasst wurde es in glagolitischer (altslawischer) Schrift und auf Kroatisch, besser gesagt Čakavisch, dem in dieser Region gesprochenen Dialekt.

Die Niederschrift der Gesetze fand am 6. Januar 1288 statt. Dafür fanden sich die Vertreter der neun Stadtgemeinden hier ein. Das Dokument umfasst 77 Paragraphen auf 14 Blättern, genauer: 28 Seiten.

Im Jahr 1225 fiel Vinodol unter die Herrschaft des Adels von Krk. Um nicht in Leibeigenschaft zu fallen, wehrten sich die Bürger von Vinodol, und so kam es zu Unruhen. Kurz darauf entstand das Gesetzbuch. In diesem erkannten die Bürger von Vinodol das Fürstentum auf Krk an, im Gegenzug wurden ihnen gewisse Rechte eingeräumt. So beinhaltet das Gesetzbuch Rechte und Pflichten der Feudalherren und Bürger, aber auch die Rechte der Frauen wurden berücksichtigt.

Das Original ist nicht mehr erhalten, nur die Abschrift aus dem 16. Jahrhundert, die sich in der Nationalbibliothek der Universität von Zagreb befindet. In dieser Abschrift finden sich Symbole und Zeichnungen, die sich auf die jeweiligen Paragraphen beziehen. Hilfreich ist das Dokument besonders für Historiker, da es einen guten Einblick in das Leben im Mittelalter sowie die gesellschaftlichen Strukturen gibt.

Das Kastell Novigrad wurde im 13. Jahrhundert vom Adelsgeschlecht Frankopan errichtet, 1761 jedoch zu einem Großteil wegen zu hoher Instandhaltungskosten wieder abgerissen. Übrig blieb neben einigen Mauerresten des Kastells der viereckige Turm, genannt Kvadrac. Im Südostflügel des Kastells, dem heutigen Rathaus (40 Meter südöstlich des Turms), wurden die Gesetze unterzeichnet.

Adresse Frankopanski kaštel, Trg Vinodolskog zakona 1 (bei Frankopanski trg), 51250 Novi Vinodolski | Anfahrt die Küstenstraße E 65 führt direkt nach Novi Vinodolski (wenige Kilometer südöstlich von Crikvenica), Richtung Zentrum fahren und baldmöglichst das Auto parken, da die Gassen sehr schmal sind | Tipp Für Hundebesitzer empfiehlt sich der Hundestrand in Povile, das südöstlich an Novi Vinodolski grenzt. Es ist eine schöne Bucht in karstiger Umgebung, allerdings ohne Schatten, weshalb der Strand nicht während der Mittagshitze besucht werden sollte.

45 Der Abgrund

Eine tragische Liebesgeschichte

Eine Legende besagt, dass an diesem Abgrund einst ein junges Mädchen aus Liebeskummer ihrem Leben ein Ende setzte. Die Stadt Ogulin entstand um 1500, war also noch jung, als Đula hier im 16. Jahrhundert mit ihren Eltern lebte. Es ist nicht sicher, ob sie Đula, Jula oder Zulejka hieß – oder ob Đula nur ihr abgekürzter Rufname war. Die Eltern hatten für ihre Tochter einen Adligen vorgesehen, der deutlich älter war. Doch das Schicksal wollte es anders. Das Mädchen verliebte sich Hals über Kopf in den jungen Milan Juraić. Er erwiderte ihre Gefühle, für beide soll es Liebe auf den ersten Blick gewesen sein. Zu jener Zeit fanden Schlachten gegen die Osmanen statt, die plünderten und immer mehr Land besetzten. Milan war ein Hauptmann der Krajina (Militärgrenze) und verteidigte in dieser Funktion die Festung im nahe gelegenen Tounj. Er fiel in der Schlacht gegen die Türken. Als Đula von seinem Tod erfuhr, brach für sie eine Welt zusammen. Sie stürzte sich in den 40 Meter tiefen Abgrund, dort, wo der Fluss Dobra in der Schlucht unter den Felsen versickert.

Wie stark tragische Liebesgeschichten berühren können, zeigt diese kroatische Variante von Romeo und Julia. Die Stelle, an der Đula Selbstmord beging, ist nach ihr benannt, ebenso eine Seitenstraße, und sogar ein Theaterstück mit dem Titel »Zulejka« gibt es. Der Dreiakter von Milan Hanžek wurde 1910 uraufgeführt. In der Geschichte der Stadt findet sich für Ogulin auch die Bezeichnung »Julin grad« (Julas Stadt).

Am Đulin ponor (Đulas Abgrund) liegt der Höhlenkomplex Medvednica, mit einer Länge von über 16 Kilometern. Er verläuft unterhalb der charmanten Stadt Ogulin. Die Flora und Fauna hat einige endemische Arten hervorgebracht, wie zum Beispiel den Süßwasserschwamm Eunapius subterraneus, den es ausschließlich in den unterirdischen Höhlengängen von Ogulin gibt.

Adresse Đulin ponor, Ecke Trg Hrvatskih rodoljuba / Zulejkina ulica, 47300 Ogulin | **Anfahrt** auf der D 42 ins Zentrum fahren, bei Hotel Frankopan und dem Kastell links abbiegen, nach 300 Metern rechts abbiegen, dort gibt es viele Parkmöglichkeiten, die Straße 150 Meter zurückgehen, auf der rechten Seite ist der Abgrund | **Tipp** Im Park kralja Tomislava steht ein großes Denkmal des ersten Königs. Es wurde 1925 aufgestellt, anlässlich des tausendjährigen Jubiläums seiner Krönung.

46 Der Hexenberg

Wo der Gott des Donners ruht

Auf dem Klek nahm das Bergsteigen in Kroatien seinen Anfang, hier starteten die Alpinisten des Landes ihre ersten Versuche. Wanderer werden begrüßt mit der Aufschrift »Dobro došli u carstvo Klečkih vještica« (Willkommen im Reich der Hexen von Klek). Mit einer Höhe von 1.181 Metern über dem Meeresspiegel ist Klek dem höchsten Berg Dinara mit 1.831 Metern weit unterlegen, aber eine Wanderung hinauf auf den Kamm lohnt sich. Nicht zuletzt wegen der schönen Aussicht, mit der man belohnt wird.

Es gibt mehrere Zugänge, die auf den Klek führen. Die kürzeste Route dauert etwa eine Stunde und beginnt in Bjelsko. Sie ist jedoch nur für sehr erfahrene Kletterer zu empfehlen, da sie extrem steil ist! Wer es etwas entspannter mag, der startet in Vučić Selo. Dieser Wanderweg umfasst etwa drei Stunden und ist gut ausgeschildert.

Der Klek ist ein sagenumwobener Bergkamm und Teil des Gebirgsmassivs Velika Kapela. Laut einer alten Legende soll der altslawische Gott Klek einst der Gemahlin von Perun schöne Augen gemacht haben. Perun ist der Herr des Donners in der slawischen Mythologie. Die Nationalblume Kroatiens, die Perunika, wurde nach ihm benannt. Die Legende berichtet weiter, dass Perun seinen Nebenbuhler Klek wütend verfolgte und ihn dabei verletzte. Klek fiel zu Boden – und erstarrte vor Angst zu Stein. Wenn man seinen Blick auf die Spitze des Berges richtet, soll man ihn dort noch immer liegen sehen. Die Beine hat er angewinkelt, und die zwei Spitzen des Berges Klečica sind seine Füße. Aus seinem vergossenen Blut entstand der Bach Klečki potok.

Kurz bevor er zu Stein erstarrte, schwor er Rache, sobald er wiedererwache. In stürmischen Nächten, wenn es donnert und blitzt, kann man angeblich hören, wie die Hexen, Feen und Elfen auf dem Berg ihr Unwesen treiben. Sie singen und tanzen, um Klek wieder zum Leben zu erwecken.

Adresse Klek, 47300 Ogulin | Anfahrt von Ogulin aus auf der Straße Vladimira Nazora in südliche Richtung fahren, rechts auf Šetalište Krlenac abbiegen, geradeaus und rechts halten, bis man auf den Parkplatz in Vučić Selo 16E kommt, ab dort ausgeschildert | Tipp Nur wenige Minuten von Klek entfernt (Wegweiser) befindet sich die Berghütte Planinarski dom, die eher pragmatisch ausgerichtet ist: Trinkwasser, Benutzung einer Küche und Übernachtungsmöglichkeiten. Die Berghütte hat nur an Wochenenden geöffnet, eine Voranmeldung ist ratsam (info@hpd-klek-ogulin.hr, Tel. +385/98827737).

47 Titos Gefängniszelle

Als der kommunistische Staatschef noch Rebell war

Fürst Bernardin Frankopan ließ um 1500 das Kastell in Ogulin errichten, im Stil der Renaissance. Das Zavičajni muzej (Heimatmuseum) im Kastell eröffnete 1967 und umfasst unterschiedliche Abteilungen. Es finden sich unter anderem archäologische Funde aus der Region Lika und eine ethnografische Sammlung. Sehenswert ist auch die Alpinsammlung, in der die Erfolge hiesiger Bergsteiger gezeigt werden.

Zeitweise diente das Kastell als Gefängnis. Im zweiten Stock des heutigen Museums befindet sich die Zelle 6. Hier war der spätere Staatschef Jugoslawiens eingesperrt, wobei er nicht den »Luxus« genoss, einen Raum für sich allein zu haben. Mit vielen anderen Insassen teilte er sich den Boden zum Schlafen.

Josip Broz Tito (1892–1980) ist bis heute als Person und Staatsführer umstritten. Mit Ende zwanzig war er bereits ein glühender Kommunist und Mitglied der kommunistischen Partei. Während des Zweiten Weltkriegs führte er die Partisanen an und bot Hitler die Stirn. Sein Erfolg ließ ihn nach dem Zweiten Weltkrieg Jugoslawiens Staatschef werden. Er brach mit Stalin, was ihm international Respekt verschaffte. Dass die anderen kommunistischen Länder bewundernd auf das vermeintlich liberale und offene Jugoslawien geblickt haben, ist einerseits nachvollziehbar, weil Jugoslawien nicht zum Ostblock gehörte. Im Vergleich zu anderen kommunistischen Ländern hat Tito einen lockeren Kurs gefahren. Dennoch gibt es dunkle Flecken während seiner Herrschaft, die ihre Opfer forderten.

Doch bevor Tito Staatschef wurde, musste er wegen Verbreitung kommunistischen Gedankenguts in den Knast. In dieser Zelle saß er zunächst vom 20. Juli bis 21. August 1927 in Untersuchungshaft. Gleichzeitig legte ihm das Gericht in Zagreb eine Haftstrafe von fünf Jahren auf. Die verbliebenen Monate der Haft des Oguliner Gerichts saß er in dieser Zelle vom 15. November 1933 bis 12. März 1934 ab.

Adresse Zavičajni muzej (im Kastell), Trg Hrvatskih rodoljuba 2,47300 Ogulin | **Anfahrt** auf der D 42 ins Zentrum fahren, beim Hotel Frankopan und dem Kastell links abbiegen, nach 300 Metern rechts abbiegen, dort sind viele Parkmöglichkeiten; die Straße 180 Meter zurückgehen, linke Seite | **Öffnungszeiten** Mai – 20. Sept. Mo – Fr 7 – 18 Uhr, Sa 9 – 17 Uhr, So 9 – 13 Uhr; 21. Sept. – April Mo – Fr 8 – 14 Uhr, Sa 8 – 13 Uhr | **Tipp** Im Hotel Frankopan kann man in netter Atmosphäre einen Kaffee trinken. Dank der vielen Tische findet sich fast immer ein Platz (vom Kastell 100 Meter die Straße in südlicher Richtung, auf der linken Seite).

48__Die Weinfasszimmer

Schlafen in riesigen Weinfässern

Wer Ruhe und Entspannung sucht, wird sie hier zweifellos finden. Und wer will, kann seinen Entspannungsurlaub mit Wandern, Radfahren und Ausflügen verbinden, zum Beispiel in den Nationalpark Krka. Das Meer ist auch nicht weit entfernt, eine gute halbe Stunde mit dem Auto. Wenige Schritte von der Unterkunft liegt das Restaurant Pilipovi dvori, das zum Anwesen von Marko Duvančić gehört – wie auch die Konoba Dida Marka und die 13 Hektar Weinberge ringsum. Das Restaurant ist ein ehemaliges Wohnhaus aus Stein, 1864 von Duvančićs Vorfahren erbaut. Bei schönem Wetter kann man draußen sitzen. Die Zutaten der Speisen sind traditionell, aus eigener Produktion oder von regionalen Landwirten eingekauft. Die Übernachtung wird inklusive Frühstück angeboten.

Dass für Marko Duvančić das Ganze nicht nur ein Business, sondern auch Leidenschaft und Berufung ist, merkt man nicht nur im Gespräch mit ihm. Sein Werdegang spricht für sich: Schon während seines Studiums der Agrarwissenschaft baute er die Weinkellerei auf. Er wurde Diplomingenieur und Lehrer an der Fachhochschule, erweiterte später sein Anwesen kontinuierlich – und hatte die Idee zu »Schlafen in Weinfässern«. Die Fässer sind weit über 100 Jahre alt und wurden damals von Hand gefertigt. Sie haben ein Fassungsvermögen von 45.000 Litern. Die Zimmergröße umfasst mitsamt des Badezimmers 22 Quadratmeter. Das Mobilar stammt aus dem 19. und 20. Jahrhundert. Duvančić hat das Alte mit dem Modernen kombiniert, denn das Bad ist keineswegs altmodisch, und im Zimmer gibt es Klimaanlage und natürlich einen Fernseher.

Für seine innovative Idee und die Qualität seines Angebots hat Marko Duvančić in Kroatien mehrere Preise erhalten. Und auch für seine Weine gab es Auszeichnungen. Einmal sogar als bester Winzer Kroatiens, was durchaus etwas heißen will – im kleinen Land des guten Weins.

Adresse Agroturizam Duvančić, Duvančići 13, 22303 Oklaj, www.agroturizamduvancic.com, Tel. +385/98340487 | **Anfahrt** von Drniš in nordwestliche Richtung auf Ulica Petra Svačića fahren, nach circa 8 Kilometern liegt das Anwesen auf der rechten Seite | **Öffnungszeiten** bei Reservierung die Ankunftszeit vereinbaren | **Tipp** Einen Ausflug wert ist das Gebirge Promina, das 25 Kilometer entfernt liegt (in nordwestlicher Richtung fahren, nach 4 Kilometern rechts abbiegen und 12 Kilometer weiterfahren, rechts abbiegen auf D 33 und nach 7 Kilometern wieder rechts, nach Uzdolje, dann noch 2 Kilometer weiterfahren).

49 Der kroatische Walk of Fame

Ein bisschen Hollywood-Glamour

Opatijas damaliger Bürgermeister beabsichtigte 2005, einen weiteren Anreizpunkt für den Tourismusin seiner Stadt zu schaffen. Prominente Persönlichkeiten sollten einen Stern im Pflaster der Ulica slavnih bekommen. Eine unabhängige Jury schlug Namen vor, die sie für preiswürdig erachtete, und die Leser eines Magazins stimmten über die Vergabe der Sterne ab. Die Kategorien umfassten Wissenschaft, Kunst und Kultur sowie Sport.

Tatsächlich hat Kroatien, in Anbetracht seiner Einwohnerzahl, eine ansehnliche Zahl Spitzensportler hervorgebracht. Auch die Wissenschaftler und Schriftsteller kann man rühmen.

Das Projekt entwickelte sich allerdings nicht ganz so, wie man sich das vorgestellt hatte. Wenn man den Touristen beim Schlendern über den kroatischen Walk of Fame zusieht, bemerkt man, dass viele zwar einen Blick darauf werfen, doch schon bald aufgeben. Bis auf ein paar Ausnahmen kennen sie die Namen schlichtweg nicht. Touristen aus dem Inland haben da schon größeres Interesse, weil ihnen die Personen ein Begriff sind.

Als die ersten acht Sterne Anfang 2006 gelegt wurden, rief das keineswegs bei allen Einwohnern Begeisterung hervor. Einige fanden die Auswahl der geehrten Personen nicht überzeugend, wobei natürlich Generationsunterschiede und persönliche Vorlieben eine Rolle gespielt haben dürften. Außerdem gab es Einwände dagegen, Opatija mit Hollywood-Prunk zu schmücken. Das passe nicht zu dem historischen Flair. An der Idee des damaligen Bürgermeisters ist grundsätzlich nichts Schlechtes, denn in unserer globalisierten Welt wird Verschiedenes von andernorts aufgegriffen. Die Sterne, mittlerweile über 30, gehören inzwischen jedenfalls zu Opatija. Sie sehen gut aus und ehren hiesige Größen. Damit haben sie ihren Zweck doch bestens erfüllt.

Adresse Ulica slavnih, 51410 Opatija | **Anfahrt** von Istrien über E 751 oder von Rijeka entlang der Küstenstraße in nordwestliche Richtung, die Ulica slavnih verläuft parallel der Ulica Maršala Tita zwischen dem Strand Slatina und der Fontäne | **Tipp** Wer an Antiquitäten interessiert ist, sollte die renommierte Galerija Gal in Volosko mit ihrem Angebot an dekorativer Kunst, Möbeln und Gemälden besuchen (Andrije Štangera 43, von Opatija die Ulica Maršala Tita in nordöstliche Richtung gehen, bei Gabelung nach rechts in Ulica Andrije Štangera).

50__Das älteste Postamt

Als Briefeschreiben noch elitär war

Im Jahr 1774 eröffnete diese Postfiliale. Es ist die älteste Kroatiens und nach Sanquhar in Schottland vermutlich die zweitälteste Europas, die konstant in Betrieb ist. Der Postverkehr begann 1692 auf der Route Osijek–Budapest. Österreich führte den Postweg und die Postämter ein, da Kroatien damals zur österreichisch-ungarischen Monarchie gehörte. Zunächst befand sich das Postamt um die Ecke, in der heutigen Ulica Franje Kuhača, eröffnet im Jahr 1742. In diesem Gebäude residierte vorher ein Wirtshaus namens Kod Ruže, und ein solches gibt es in denselben Räumlichkeiten auch heute wieder. Das Postamt zog 1774 in die Ulica Franje Markovića, wo es seinen Betrieb seither ununterbrochen fortführt. Im Haus gab es seinerzeit eine Wohnung für den Postdirektor und eine für den Hausmeister.

Nur wenige Schritte entfernt ist ein großer Platz namens Trg svetog Trojstva. Hier steht in der Mitte eine Pestsäule aus dem Jahr 1729. Eine Legende der Stadt besagt, dass man damals die Ratten – und somit die Krankheitsüberträger – ausrottete, indem man Marder auf sie losließ. Die Währung Kuna heißt übrigens übersetzt Marder. Der Name der Währung entstand aufgrund des Handels mit Marderfell. An den beiden Brunnen des Platzes wurden damals Pferde getränkt. Früher war an dieser Stelle ein öffentlicher Park – was die Bewohner jedoch nicht wehmütig werden lässt, denn die Stadt hat heute stolze 17 Parkanlagen.

Osijek besitzt ein zweites außergewöhnliches Postamt. Es befindet sich in der Europska avenija (Ecke Ulica Kardinala Alojzija Stepinca) und ist zwar nicht so alt, aber aufgrund seiner Architektur interessant. Ein pompöser Prachtbau– und das für ein Postamt! Einer der Architekten war Viktor Axmann, der in München studierte und an vielen Projekten in Osijek beteiligt war. Ende 1912 wurde das Postamt eröffnet. Über die nächsten Jahre diente es als Postkartenmotiv.

Adresse Ulica Franje Markovića 2, 31000 Osijek | **Anfahrt** Richtung Zentrum fahren, circa 3 Kilometer auf Ulica Kneza Trpimira, dann links in Europska avenija, rechts in Franjevačka ulica, links und danach wieder links | **Öffnungszeiten** Mo–Fr 9–12 und 12.30–16 Uhr | **Tipp** Very Irish ist der Old Bridge Pub im Herzen von Osijek. Umfangreiche Getränkeauswahl, Musik und gute Stimmung. Das Publikum ist gemischt, beliebt auch bei älteren Semestern (Ulica Franje Kuhača 4, von der Postfiliale 200 Meter in östliche Richtung gehen).

51 Die Deutsche Gemeinschaft

Perfekt integriert – und stolz auf ihre Wurzeln

Seit 1950 haben die Donauschwaben ihr eigenes Wappen. Überwiegend in der pannonischen Ebene (Slawonien-Baranja, östliches Kroatien) siedelten die Deutschen und Österreicher, häufig entlang der Donau. Im Laufe des 18. Jahrhunderts gab es mehrere Auswanderungswellen, Anfang des 20. Jahrhunderts lebten mindestens 120.000 Deutsche in Kroatien, möglicherweise auch bis zu 150.000. Es gab die Gruppe der Privilegierten – Offiziere, die mit ihren Familien gekommen waren, um die Militärgrenze vor den Osmanen zu schützen. Viele Deutsche kamen auch, weil sie der Armut in der Heimat entfliehen wollten. Allerdings fanden sie in der neuen Heimat zunächst schwierigste Bedingungen vor. Es brauchte mehrere Generationen, bis die fruchtbare slawonische Erde, durch harte Arbeit und viel Geduld, Lohn – und manchmal auch Reichtum – einbrachte.

Nach der Machtübernahme des Partisanen Tito wurden die Deutschen einer Kollektivschuld am Faschismus bezichtigt, vertrieben, enteignet und in Arbeitslager gebracht. Viele starben, andere wanderten aus. Heute gibt es in Kroatien knapp 3.000 Deutsche. Seit vielen Generationen leben sie hier, sind hervorragend integriert, aber auch stolz auf ihre deutschen oder österreichischen Wurzeln. Genau diese Kombination spiegelt sich beispielsweise auch in den Namen der Vorsitzenden einiger der Zweigstellen wider: Vilim Haas (Đakovo), Zoran Brandt (Slavonski Brod), Tomislav Vitenberg (Požega).

In der Deutschen Gemeinschaft pflegt man die Sprache, etwa mit der Zeitschrift »Njemačka riječ – Deutsches Wort« oder mit Theaterstücken auf Deutsch. Die Bräuche werden gepflegt, und ein Chor lässt deutsche Volkslieder nicht in Vergessenheit geraten. Das Engagement konzentriert sich auf die Förderung der Sprache an Schulen und Deutschkurse.

Adresse Deutsche Gemeinschaft – Landsmannschaft der Donauschwaben, Ribarska ulica 1, 31000 Osijek, www.deutsche-gemeinschaft.eu | **Anfahrt** D 2 oder D 7, Ausfahrt Richtung Zentrum nehmen, auf Ulica Kneza Trpimira circa 3 Kilometer geradeaus, links in Vukovarska ulica abbiegen, dann rechts in Istarska ulica, links in Europska avenija, rechts in Šamačka ulica und dieser Straße 1,5 Kilometer folgen | **Öffnungszeiten** Büro: Mo – Fr 10 – 12 Uhr | **Tipp** Am Ufer der Drau lässt es sich gut flanieren. Schöne Parkanlagen mit einem von 101 Spielplätzen und einem von drei Hundeparks der Stadt. An der Drau findet man eine Nachbildung einer Weizenmühle, einst ein starker Wirtschaftsfaktor dieser Region (Šimačka ulica in östliche Richtung, dann links in Šetalište Petra Preradovića).

52__Das Muzej okusa

Kein Museum, aber ein interessantes Restaurant

Das »Geschmacksmuseum«, wie es übersetzt heißt, liegt wenige Kilometer südlich der Altstadt, doch der kleine Aufwand lohnt. Erfreulich ist die Tatsache, dass es sowohl Restaurant als auch Café ist, eine eher seltene Kombination. Wer also nur etwas trinken möchte, kann das im Muzej okusa getrost tun. Der Hauptraum ist groß, mit einer enorm hohen Decke. Man kann nach oben in den ersten Stock gehen, sofern er geöffnet hat, deshalb lieber nachfragen. Die Einrichtung ist stilvoll und elegant, sowohl in kräftigen als auch gedeckten Farben. Alles in sehr geschmackvoller Kombination und mit einer Atmosphäre, in der man sich wohlfühlt. Es gibt einen Bereich mit Sesseln und niedrigen Tischchen – für diejenigen, die nur zum Trinken kommen. Auf der Speisekarte findet man slawonische Spezialitäten, aber auch internationale Gerichte. Außerdem gibt es Kindergerichte, Vegetarisches und eine reiche Auswahl an Salaten. Die Weinkarte umfasst ein gutes Angebot an kroatischen Weinen. Bei schönem Wetter kann man auf der Terrasse sitzen, vor der lindgrünen Fassade des Muzej okusa. Eine spektakuläre Aussicht hat man allerdings nicht. Das Restaurant liegt in unmittelbarer Nähe des Fußballstadions der Stadt. Dafür ist es ruhig, fernab des Straßenlärms.

Wo heute das Muzej okusa ist, war früher ein Pavillon namens Gradski vrt (Stadtgarten), der 1804 errichtet und 1858 bei einem Brand zerstört wurde. Im Jahr 1809 wurde in diesem Pavillon Osijek als freie Königsstadt ausgerufen.

Von Zeit zu Zeit finden im Muzej okusa auch (musikalische) Veranstaltungen statt. Es erhielt 2017 durch eine Fachjury einen Preis als bestes Restaurant in der Region. Ob es wirklich das beste ist, wer weiß. Jedenfalls ist es ein schönes und angenehmes Lokal, in dem man gut essen oder auch nur trinken kann. Und das sowohl drinnen als auch draußen, zu fairen Preisen.

Adresse Muzej okusa, Ulica Martina Divalta 4, 31000 Osijek, www.muzej-okusa.com | **Anfahrt** vom Zentrum auf der Ulica kneza Trpimira circa 1 Kilometer in südliche Richtung fahren, links in die Ulica Martina Divalta, nach 50 Metern rechts abbiegen und der Straße noch 500 Meter folgen, rechts halten | **Öffnungszeiten** So – Do 7 – 23 Uhr, Fr, Sa 7 – 24 Uhr | **Tipp** Wer in Osijek übernachten möchte, findet im Hotel Millennium eine solide Unterkunft, mit großzügigen Zimmern und gutem Frühstück (Kralja Petra Svačića 12, Martina Divalta 1 Kilometer Richtung Osten fahren, dann links in Kralja Petra Svačića).

53_Die Marmont-Brücke

Eine gigantische Brücke in einer kleinen Ortschaft

Zwischen Ogulin und Josipdol liegt das kleine Städtchen Oštarije, das auf amüsante Weise zu seinem Namen kam. Der Ort wurde im späten Mittelalter häufig von Reisenden als Zwischenstopp genutzt, weil es hier ein Wirtshaus gab. Entlang der Küste und des Hinterlandes wurde ein Wirtshaus häufig Oštarija genannt, vom italienischen Osteria. Irgendwann nannte man dann den gesamten Ort so, der letzte Buchstabe im Namen lässt auf mehrere Wirtshäuser schließen.

Für den Bau der Brücke wurden die Überreste einer Kirche verwendet. Marmontov most ist 76 Meter lang, doch mit den seitlichen Zugangswegen misst sie gut 90 Meter. Stolze zwölf offene Bögen zieren die Brücke. Besonders imposant ist sie an der nordwestlichen Seite, wo sie durch halbrunde Pfeiler zwischen den Bögen verstärkt wurde. Oben tragen sie ein Dreieck, das mit der Spitze nach oben zeigt. Diese Pfeiler sind unterschiedlich groß, um den Flusslauf zu regeln.

Früher befand sich an derselben Stelle eine andere Brücke. Doch dann kam Auguste Marmont, ein Adjutant Napoleons, und ließ diese Brücke bauen. Lange befehligten die Franzosen hier nicht, von 1809 bis 1813. In dieser Zeit herrschte Napoleon über die Illyrischen Provinzen, die die gesamte kroatische Küste samt Hinterland einnahmen. Bis nach Sisak in Mittelkroatien reichte sein Einflussbereich.

Von all den Eindringlingen und Eroberern, die Kroatien durchlebt hat, könnte man die Franzosen eher auf die Positivliste setzen. Sicher, fremde Herrscher sind niemals willkommen, und man ist froh, wenn sie wieder verschwinden, aber Marmont hat hier ein paar gute Dinge bewirkt und hinterlassen, und das innerhalb weniger Jahre. Im Schulwesen zum Beispiel die Einführung der kroatischen Sprache. Nicht vieles wurde nach Marmont benannt, unter anderem eine der schönsten Straßen in Split – und Marmontov most, die Marmont-Brücke.

Adresse Marmontov most, 47302 Oštarije | **Anfahrt** D 42 nach Oštarije, hinter dem Ortsschild kommt nach circa 1 Kilometer eine (normale) Brücke, dahinter scharf rechts abbiegen und 50 Meter geradeaus, auf der rechten Seite | **Tipp** Der See Sabljaci liegt wenige Kilometer östlich von Oštarije und ist für einen Abstecher gut geeignet. Dort gibt es mehrere Restaurants und Übernachtungsmöglichkeiten (am Ende der Brücke, auf der südwestlichen Seite, in nordwestliche Richtung fahren, der Straße circa 4 Kilometer folgen, bis zum See).

54__Der Käseladen Gligora

Traditionelle und innovative Käsesorten

Dieser Laden ist ein kleines Schlaraffenland auf zwei Etagen. Auch wenn Gligoras Fokus auf Paški sir (Pager Käse) liegt, hat der Familienbetrieb noch 60 weitere köstliche Käsesorten im Angebot. Regelmäßig werden von den Betreibern neue Kreationen auf den Markt gebracht. Dass die Käsereien auf Pag allgemein besonders schmackhaften und hochwertigen Käse hervorbringen, liegt an der jahrhundertelangen Erfahrung in der Schafzucht und an den günstigen Wetterbedingungen.

Die Familie Gligora fing Anfang des 20. Jahrhunderts klein an. Der heutige Besitzer hat sich stetig in der Branche weitergebildet und viel Herzblut investiert. Immer wieder stand das Unternehmen kurz vor dem Konkurs. Der endgültige Durchbruch gelang 2002 auf einer Messe in Italien, wo Gligora den ersten Platz in der Kategorie Schafskäse erhielt. Es folgten weitere wichtige Preise in Europa mit Bio-Zertifikat oder Gold-Auszeichnung – und 2014 sogar in den USA, wo der Schafskäse als »Best in Class« ausgezeichnet wurde. Heute beschäftigt Gligora 50 Angestellte und verkauft seinen Käse in mehreren kroatischen Städten.

Den Pager Käse gibt es in verschiedenen Varianten. Man hat die Wahl zwischen Hartkäse, extrareif, affiniert oder aus roher Schafsmilch hergestellt. Andere Käsesorten sind aus Ziegen- oder Kuhmilch. Manche sind mit Olivenöl, Kräutern oder Trüffel verfeinert, andere geräuchert, aber auch Frischkäse gibt es. Im Käseladen wird man nicht nur freundlich, sondern auch kompetent beraten. Laien gehören ebenso zu den Kunden wie Käseliebhaber. Im Sortiment gibt es außerdem Weine, Olivenöle, Trüffelcreme, Honig und Marmeladensorten wie Mandarine und Feige. Dieses Sortiment ergibt insofern Sinn, als dass es zu bestimmten Käsesorten passt. Wer mehr über die Herstellung erfahren möchte, kann an einer Führung durch die Produktionshallen teilnehmen (mit Voranmeldung!).

Adresse Gligora, Figurica 21 (Produktion: Figurica 22/A), 23251 Kolan, Insel Pag, www.gligora.com | **Anfahrt** auf der D 106 nach Kolan fahren, an der Straße ist ein großes Schild mit dem Hinweis zum Laden; oder: D 106 weiterfahren, bei den Produktionshallen Gligora (ausgeschildert) kann man parken, an den Produktionshallen vorbei und zum Käseladen die Straße hinuntergehen | **Öffnungszeiten** täglich 7.30–20.30 Uhr | **Tipp** Der Strand Čista ist nicht weit entfernt und sehr empfehlenswert, wenn man von hier aus nicht weit fahren möchte (D 106 Richtung Norden fahren und nach circa 2 Kilometern rechts abbiegen).

55__Die Olivengärten

Alte, knorrige, wilde Olivenbäume

An der nördlichsten Spitze der Insel Pag liegt das 300-Seelen-Dorf Lun. Seit unzähligen Generationen gehören die zahlreich wachsenden Olivenbäume zu Lun und seinen Einwohnern einfach dazu. Kaum jemand hat hier keinen Olivenbaum auf seinem Grundstück. In früheren Zeiten war es ein Gradmesser des Wohlstands, wie viele Olivenbäume jemand auf seinem Anwesen vorzuweisen hatte. Man pflegte auch gern die Sitte, einen Olivenzweig im Haus zu haben, weil er Streit und Unglück fernhalten sollte.

Das Image des Olivenöls bekam in den letzten Jahrzehnten noch mal einen gewaltigen Schub. Seitdem empfinden die Menschen es als Privileg, zwischen Olivenhainen aufzuwachsen. Die Olivenbäume von Lun dienen sogar als Briefmarkenmotiv. Seit 2017 ziert die 5.80-Kuna-Briefmarke ein Luner Olivenbaum.

Für die Küstenbewohner Kroatiens bedeutet Olivenöl generell sehr viel mehr als bloß die Verfeinerung von Salat. Olivenöl aus dem eigenen Hain und selbst hergestellt ist bei Stadtmenschen ein willkommenes Geschenk. Es dient zur Schönheitspflege und symbolisiert Kraft und Gesundheit. Wer sparen und haushalten muss, wird das nur selten beim Olivenöl tun. Am liebsten kaufen die Kroaten das heimische Öl, denn sie sind überzeugt, dass es das beste ist.

Auf dem Gebiet von Lun gibt es circa 80.000 Olivenbäume auf einer Fläche von 24 Hektar. Das Durchschnittsalter der Bäume beträgt 1.200 Jahre, der älteste ist 1.600 Jahre alt, zwölf Meter hoch und hat einen Stamm von acht Meter Umfang. Gerne wüssten die Bewohner von Lun, wer ihn gepflanzt hat, wie viele Stürme und Dürreperioden dieser Olivenbaum erlebt hat.

Auch wenn es in Griechenland, Italien und dem Nahen Osten ältere Olivenbäume gibt, liegt die Einzigartigkeit in Lun darin, dass so viele alte Olivenbäume auf einem Areal zu sehen sind. Die Wege wurden geebnet und erstrecken sich über sieben Kilometer.

Adresse Vrtovi Lunjskih maslina, 53294 Lun, Insel Pag | **Anfahrt** auf der Insel Richtung Nordwesten nach Lun fahren, sobald man das Ortsschild erreicht hat, sieht man Olivenbäume zu beiden Seiten, Auto parken und zu Fuß weiter, Olivengärten auf der linken Seite | **Tipp** In der Nähe gibt es eine Ölmühle. Der Betrieb produziert und liefert aus, ist also kein Geschäft. Man kann problemlos hingehen, es gibt keine Öffnungszeiten und keine Garantie, dass es im Jahr des Besuchs eine reiche Olivenernte gab und Öl ausreichend vorhanden ist. Einen Versuch ist es wert (Uljara Lun, Tovarnele 36, von den Olivengärten in nördliche Richtung fahren).

56 Am Fluss Lika

Von Höhlenmenschen und satter Natur

Im Ort Kaluđerovac kann man ein Boot ausleihen und über den Fluss Lika fahren. Selbst in der Hochsaison gibt es hier keine Touristenströme. Es ist eine eindrucksvolle Umgebung. Der blaue Fluss und das satte Grün der Wälder bilden eine Oase der Ruhe, in der man sich wohlfühlt. Wenn man sieben Kilometer in östliche Richtung den Fluss entlangfährt, kommt man zum Höhlenpark Grabovača. Die Fahrt führt bis zum naturbelassenen Ort Perušić. Man sieht auf dieser Strecke ehemals besiedelte kleine Dörfer und verlassene Häuser, die mittlerweile verfallen sind. Ihre Bewohner sind in die Städte oder ins Ausland gezogen, auf der Suche nach Arbeit. Aber auch wegen des Kriegs Anfang der 1990er Jahre.

Folgt man dem Wegweiser »Samograd«, führt eine enge Straße bergauf. Hier gilt das Ausweichprinzip, sollte ein Auto entgegenkommen. Wenn man oben ist, sieht man als Erstes das Tickethäuschen und den Kiosk. Hier kann man das Auto parken. Der Höhlenpark Grabovača umfasst acht Höhlen und eine Grotte. Die Höhle Samograd ist die einzige, die für Besucher zugänglich ist. Im Jahr 1889 wurde sie für Interessierte geöffnet, man kann sie aber nur mit einem Guide betreten. Fünf Mal pro Tag werden Touren angeboten (9.30, 11, 12.30, 14 und 15.30 Uhr). Bei ausländischen Touristen wird auch auf Englisch erklärt. Samograd ist 345 Meter lang und besteht aus vier Hallen. Ursprünglich gab es noch eine fünfte, doch sie ist leider eingestürzt. Man kann sie fotografieren, indem man seine Kamera durch ein Loch schiebt und knipst. In dieser fünften Halle gab es vor vielen Jahren einen größeren See.

Die Höhle ist circa zwei Millionen Jahre alt. Früher verlief hier ein Fluss. Forscher haben Geschirr gefunden, ebenso Knochen aus der Bronzezeit. Die senkrechten schwarzen Flecken an den Höhlenwänden stammen von Fackeln der frühen Höhlenbewohner.

Adresse Rent a boat, 53202 Kaluđerovac; Höhle: Samograd, Pećinski park Grabovača, Kaniža bb, 53202 Perušić, www.pp-grabovaca.hr | **Anfahrt** D 50, in Perušić den Wegweisern folgen | **Öffnungszeiten** (Höhle) April – Mai 9 - 17 Uhr, Juni – Aug. 9 - 20 Uhr, Sept. – Okt. 9 - 17 Uhr, zwischen Nov. und März nur mit Voranmeldung | **Tipp** Eine gelungene Mischung aus Aktivurlaub und Erholung bietet Linden Tree Retreat & Ranch, 15 Kilometer westlich von Kaluđerovac. Preislich etwas höher angesiedelt, mit großem Angebot an Freizeitaktivitäten und Wellness (53213 Velika Plana, www.lindenretreat.hr, nach Süden Richtung Klanac, danach durch Aleksinica und Richtung Westen).

57 Die Skulptur »Familie«

Das Alte und das Moderne gut kombiniert

Etwas abgeschieden, am nördlichen Rand von Pićan, findet man die Kirche Svetog Mihovila (des heiligen Michael) und nur ein paar Schritte entfernt die dreiteilige Skulptur »Familie«. Doch wer nach Pićan kommt, sieht sich eher den alten Stadtkern an, der trotz seiner bescheidenen Größe manch Interessantes zu bieten hat. Er liegt auf einem Hügel und wurde bereits vor Tausenden von Jahren besiedelt, zunächst vermutlich von Kelten. Es ist ein Ort mit langer und bewegter Geschichte – samt zahlreichen Namenswechseln. Das Besondere sind auch seine Legenden, die Pićan etwas Mystisches verleihen. Deshalb werden die alten Sagen und Geschichten gepflegt, beim regelmäßig im Sommer stattfindenden LegendFest lässt der Ort sie wiederaufleben. Innerhalb Istriens ist Pićan auch bekannt, weil der Komponist Matko Brajša-Rašan hier geboren wurde. Sein Lied »Krasna zemljo« (Prächtiges Land) gilt als Hymne Istriens.

Die Kirche Svetog Mihovila findet man beim Friedhof von Pićan. Sie stammt aus dem 13. Jahrhundert. Man braucht keinen Schlüssel, da sie immer offen steht. Die gotische Wandmalerei im Inneren der Kirche stammt aus der ersten Hälfte des 15. Jahrhunderts. Bedauerlicherweise ist der Künstler unbekannt. Die Fresken befinden sich nur an einer Wand, ob dies beabsichtigt war oder ob der Maler seine Arbeit – aus welchen Gründen auch immer – unterbrechen musste, weiß niemand.

Ganz in der Nähe der Kirche kann man die dreiteilige Skulptur »Obitelj« (Familie) besichtigen. Sie ist das Werk des italienischen Künstlers Nane Zavagno und steht seit 1999 an diesem Platz. Mittlerweile wird sie im gleichen Atemzug mit der Kirche genannt. Die alte Kirche und die moderne Skulptur bilden ein ungewöhnliches, aber schönes Ensemble. Von hier aus bietet sich eine großartige Aussicht. Schon deshalb lohnt sich der kleine Spaziergang vom Hauptplatz.

Adresse Crkva svetog Mihovila, 52332 Pićan | Anfahrt 1 Kilometer vor Pićan die D 64 verlassen und links nach Pićan abbiegen, im Ort Richtung Kirchturm (rechte Seite) fahren und dort das Auto parken, Straße überqueren und 100 Meter in nördliche Richtung gehen, die Skulptur ist auf der rechten Seite | Tipp Direkt in der Altstadt von Pićan befindet sich die Crkva Navještenja Blažene Djevice Marije (Kirche der Verkündigung der Seligen Jungfrau Maria), wo man einen weiteren schönen Aussichtspunkt findet. Benannt ist der nach Kaiser Franz Ferdinand.

58 Die Pestsäule

Erinnerung an die späte Heimsuchung

Die Pestsäule wurde 1749 in Požega aufgestellt. Der Künstler hieß Gabriel Granicie, sein Lohn waren 300 Forint und 2.000 Eier. Den Dotter nutzte er zum Binden von Marmorsand. Die Pestsäule wurde mehrmals restauriert, war aber doch irgendwann in einem so schlechten Zustand, dass das Original 2005 entfernt wurde. Seitdem steht eine Nachbildung an derselben Stelle.

Im Europa des 14. Jahrhunderts wurde mindestens ein Drittel der Bevölkerung von der Pest dahingerafft. Es wird angenommen, dass sie sich aus Asien über Schiffe und die europäischen Häfen ausbreitete. Da die Krankheit vermutlich speziell aus dem Nahen Osten nach Europa gekommen war, erstaunte es nicht, dass besonders die von den Osmanen besetzten Regionen Kroatiens betroffen waren. Wer damals von pestbefallenen Ortschaften in einen »gesunden« Ort ging, wurde schwer bestraft.

Die Stadt Požega fiel der Seuche noch 1739 zum Opfer, obwohl der »schwarze Tod« mit dem Ausbruch in Marseille 1720 bis 1722 als beendet galt. Die Osmanen waren aber zu diesem Zeitpunkt seit über 50 Jahren vertrieben … Es gibt mehrere Theorien, weshalb es die Stadt traf. Eine Rolle spielte das Franziskanerkloster, in dem die Krankheit früh ausbrach. Ausländisches Geld, das von Hand zu Hand gereicht wurde – oder ein Mönch aus Bosnien, der die Krankheit womöglich ins Kloster eingeschleppt hatte? Die Pest traf Požega tragischerweise in einer Zeit, als sie sich hinsichtlich Kultur, Bildung und Wirtschaft stark weiterentwickelte. Von circa 1.320 Einwohnern starben zwischen Mai und November 798.

Der Friedhof Sv. Ilije ist der größte der Stadt und wurde während der Pestepidemie 1739 hastig errichtet. Er befindet sich circa einen Kilometer östlich von der Pestsäule, auf der Dubrovačka ulica. Interessant und außergewöhnlich ist er schon deshalb, weil er stufenförmig angelegt ist.

Adresse Kužni pil (Pestsäule), Trg svetog Trojstva, 34000 Požega | **Anfahrt** auf der D 38 kommt man nach Požega, Richtung Zentrum fahren, am Željeznički kolodvor (Hauptbahnhof) ist ein Kreisverkehr, südlich auf Njemačka ulica 400 Meter fahren, nach dem 2. Kreisverkehr rechts abbiegen in Ulica Mirolsava Kraljevića, nach 500 Metern kommt man auf den Platz Trg sv. Trojstva | **Tipp** Das Stadtmuseum ist nur ein paar Schritte entfernt (Ulica Matice hrvatske 1, beim blau-weißen Haus an der Ecke geht man die Straße hinein).

59 Das Caffe Uliks

James Joyce ist Stammgast auf der Terrasse

Das Caffe Uliks ist nach James Joyces bekanntestem Werk benannt. Uliks ist die kroatische Version von Ulysses.

Joyce verbrachte vier Monate in Pula. Er war 22 Jahre alt und musste Geld verdienen. Eigentlich sollte er in Triest über die Berlitz School Englisch unterrichten, doch war gerade kein Platz frei. Deshalb musste er übergangsweise Offizieren der österreichisch-ungarischen Monarchie Englisch lehren. Joyce kam am 30. Oktober 1904 mit seiner Lebensgefährtin nach Pula, bereits am 5. März 1905 reisten sie nach Triest ab.

Das Caffe Uliks ist im Stil eines Pubs eingerichtet. Im Inneren finden sich in einer kleinen Vitrine persönliche Gegenstände von Joyce, zum Beispiel eine Brille. Auf der Terrasse sitzt ein schon reiferer Joyce, als Bronzestatue, an einem der Tische. Eine Tafel mit seinem Namen samt Lebensdaten ist an einer Wand befestigt. Ob Joyce so viel Ehre seitens Pula verdient hat, sei dahingestellt. Während seines kurzen Aufenthaltes ließ er kein gutes Haar an der Stadt und beschwerte sich über die vielen Sprachen. Zu jener Zeit lebten hauptsächlich Italiener, Kroaten und Österreicher in Pula. Die Menschen hier empfand er als ungebildet, die Stadt bezeichnete er als »Marine-Sibirien«. Erstaunlich, da man meinen könnte, Joyce hätte zu Sprachen eine Affinität gehabt, und Pulas Kulturgüter kamen schließlich nicht erst nach Joyce in die Stadt. So gottverlassen, wie er meinte, kann Pula kaum gewesen sein, immerhin hatte es damals 40.000 Einwohner. Andererseits kann man niemandem einen Vorwurf machen, wenn es ihm irgendwo nicht gefällt. Joyce war jung und unzufrieden. Er litt unter Geldnot, und seine Partnerin erwartete ein Kind. Außerdem war Pula damals ein wichtiger und großer Hafen der k.u.k.-Monarchie, also voller Marinesoldaten und Offiziere. Möglicherweise hätte Joyce diese historische Stadt unter anderen Umständen positiver gesehen.

Adresse Caffe Uliks, Trg Portarata 1, 52100 Pula | **Anfahrt** einen der öffentlichen Parkplätze nutzen und zu Fuß bis zum Café gehen, es liegt 500 Meter südlich des Amphitheaters, von hier aus geht man auf der Istarska ulica, die in die Giardini ulica übergeht, am Ende dieser Straße sieht man auf der rechten Seite die Zlatna vrata (Triumphbogen), Caffe Uliks ist an der Zlatna vrata, auf der rechten Seite | **Öffnungszeiten** täglich 7–22 Uhr | **Tipp** James Joyce wohnte die erste Zeit seines Aufenthalts in Via Giulia 2, heute Laginjina ulica 2 (vom Caffe Uliks durch Zlatna vrata und 20 Meter geradeaus, rechts in die Laginjina ulica).

60 Die Basilisken

Zwei Wächter über Rijeka

Neben dem Kastell im Stadtteil Trsat befindet sich das Mausoleum von Laval Nugent von Westmeath und seiner Familie, mit der Aufschrift »Mir junaka« (Friede des Helden). Vor dem Eingang sieht man zwei drachenähnliche Skulpturen zur rechten und linken Seite des Mausoleums. Es sind mythische Wesen mit dem Kopf eines Hahns, dem Schwanz einer Schlange und dem Körper eines Drachens.

Nugent hat für Trsat einen bedeutenden Beitrag geleistet. Er war ein österreichischer Feldmarschall irischer Abstammung, der die Franzosen aus dieser Region vertrieb. Als er die Festung 1824 erwarb, war sie wegen des Erdbebens von 1750 stark sanierungsbedürftig. Er nahm sich dieser Verantwortung an und eröffnete aufgrund seiner Kunst- und Sammelleidenschaft 1843 im Kastell das erste Museum Kroatiens.

Die Basilisken gab Laval Nugents Sohn nach dem Tod seines Vaters 1862 in Auftrag. Zwei Jahre später wurden sie aufgestellt. Der Bildhauer war Anton Dominik von Fernkorn, der auch das Jalačić-Denkmal in Zagreb gefertigt hatte. Laval Nugents Enkelin verkaufte später immer mehr ihres Erbes an Italiener. Die Einwohner waren darüber entsetzt, und so versteckten sie einen der Basilisken auf einem Privatgrundstück. Die Skulptur wurde irgendwann zurückgebracht, doch nicht fachmännisch befestigt, sodass sie Wind und Wetter zum Opfer fiel. Viel Engagement war nötig, um einzelne Teile nach vielen Jahren wiederzufinden. Arbeiter hatten bei Restaurierungsarbeiten am Kastell einige Fragmente an sich genommen, unbedarft und zum Andenken. Die Basilisken waren in desolatem Zustand, als im Herbst 2012 die Restaurierung begann, die ein halbes Jahr andauern sollte. Für die Zagreber Gießerei war das eine anspruchsvolle und herausfordernde Aufgabe.

Nach 90 Jahren der Trennung sind die Basilisken wieder vereint – und wachen über das Mausoleum und die Stadt.

Adresse Ulica Petra Zrinskog, 51000 Rijeka | **ÖPNV** Buslinie 2 Richtung Trsat (einsteigen kann man an der Riva, dem Marktplatz/Nationaltheater oder an der Fiumara), bis Station Trsat crkva; von hier aus 100 Meter Richtung Norden gehen (Frankopanski trg geht in Partizanski put über), dann links in Ulica Petra Zrinskog | **Tipp** Wer an Astronomie interessiert ist, sollte das Astronomski centar besuchen, Planetarium und Sternwarte (geöffnet Di–Sa 8–22 Uhr, Sveti križ 33, mit dem Bus wieder Richtung Zentrum und die Buslinie 7a Richtung Sveti križ nehmen, bis zur Endstation fahren).

61 Die Kanonenkugel

Ein Schutzpatron und eine Heldin

Am frühen Morgen des 3. Juli 1813 waren Schiffe der britischen Kriegsflotte vor Rijeka positioniert. Napoleons Kräfte walteten in Rijeka, und die Briten eröffneten das Feuer gegen die Franzosen. In der Stadt brach Panik aus, aber eine schien die Nerven zu behalten: Karolina. Diese mutige junge Frau war entschlossen, mit dem Befehlshaber zu sprechen, und ließ sich deshalb zu ihm bringen. Karolina Belinić war die Tochter eines hiesigen erfolgreichen Händlers, der ehemals als Vizekonsul in der k.u.k. Monarchie gedient hatte. Seinerzeit hatte diesen Posten Karolinas Bruder inne. Sie war zu diesem Zeitpunkt 22 Jahre alt und vierfache Mutter.

Realistisch betrachtet hätte der britische Admiral nicht seine Zeit mit ihr »vergeudet«, wenn Karolinas Familie nicht die gewesen wäre, die sie nun einmal war. Kühn und aufrichtig war Karolinas Schritt dennoch, als sie ihn bat, er möge ihre Stadt verschonen. Die britische Flotte zog sich tatsächlich zurück, und Karolina Riječka (Karolina von Rijeka) ist als Heldin in die Stadtgeschichte eingegangen.

Eine Kanonenkugel ist von dem Angriff zurückgeblieben und mit der Wand der Kathedrale Sveti Vid (Heiliger Vitus) verschmolzen. Unter der Kugel ist ein Schild befestigt, mit der Jahreszahl 1813 und der Aufschrift »Kugle te dade nam Engleska, odavde goneći francuze« (Diese Kugel gab uns England, die Franzosen von hier vertreibend). Die runde Form der barocken Kathedrale ist außergewöhnlich in Kroatien. Mit dem Bau wurde 1638 begonnen und er dauerte, mit Unterbrechungen, etwa hundert Jahre. Die Kathedrale wurde an derselben Stelle errichtet, an der früher eine kleine Kirche gestanden hatte, die ebenfalls den Namen des Schutzpatrons von Rijeka trug, heiliger Vitus. Im Mittelalter war die Stadt nach dem Schutzpatron benannt, »Rika svetog Vida«, in der Amtssprache Latein auch: »Terra Fluminis sancti Viti«. Am 15. Juni feiert Rijeka den Tag des heiligen Vitus.

Adresse Katedrala Svetog Vida, Trg Grivica 11, 51000 Rijeka | **Anfahrt** Auto im Stadtzentrum parken (Parkhaus Stari grad oder Parkplatz Delta), vom Korzo durch das Tor unter dem Stadtturm gehen und 50 Meter geradeaus, rechts in Užarska ulica und gleich wieder links | **Öffnungszeiten** Kathedrale: täglich 6.30–12 und 16.30–19 Uhr | **Tipp** In der Nähe ist eine Fontäne mit einer Papierwalze. Sie war ein Geschenk der Papierfabrik zum 150. Jubiläum an die Stadt und wurde 1974 aufgestellt. Die Papierfabrik (1821–2005) war lange Zeit erfolgreich, und Arbeitgeber Tausender Einwohner (70 Meter in südwestliche Richtung, dann leicht rechts und gleich wieder links).

62 La Guardias Wohnung

Zwischenstation eines Sympathieträgers

Lange ist es her, aber sein positives Wirken ist unvergessen. Als 2015 im Internet darüber abgestimmt wurde, wessen Namen Rijekas Flughafen auf Krk tragen könnte, stand auf Platz eins: Fiorello La Guardia. Bis jetzt ist der Flughafen nach niemandem benannt worden.

Geboren ist La Guardia (1882–1947) in New York. Im Herbst 1903 kam er nach Rijeka, und zwischen 1904 und 1906 hatte er im zweiten Stock dieses Hauses seinen Wohnsitz und sein Büro. Er arbeitete in dieser Zeit als konsularischer Vertreter der USA. Diejenigen, die ihn persönlich kannten, erzählten, er sei ein geselliger und freundlicher Mensch gewesen, habe Fußball im hiesigen Club Atletico Fiumano gespielt und sei gerne in Cafés gegangen. La Guardia verhalf den Einwohnern von Rijeka zur Auswanderung nach Amerika. Die Stadt war in der k.u.k. Monarchie der größte und wichtigste Hafen für Auswanderer aus Kroatien und den Nachbarländern. Allerdings wollte er nicht, dass die Leute krank die lange Schifffahrt auf sich nahmen. Er wusste, man würde sie wieder zurück in die Heimat schicken, wenn sie nicht gesund waren. Deshalb engagierte er Ärzte in Rijeka, um sie zu untersuchen.

Und da gibt es noch etwas, das man dem Italo-Amerikaner hoch anrechnet: Im Gegensatz zu manch anderen Ausländern war er an dieser Stadt und ihren Bewohnern wirklich interessiert. La Guardia lernte Kroatisch, obwohl er die Sprache als schwierig bezeichnete. Dass er es nach den wenigen Jahren fließend beherrschte, darf bezweifelt werden. Doch immerhin so gut, dass er von 1907 bis 1910 in seinem Büro auf Ellis Island, neben anderen Sprachen, auch aus dem Kroatischen übersetzte. Später wurde er einer der beliebtesten New Yorker Bürgermeister, mit drei Amtszeiten. In seiner Autobiografie erzählt er von seinem Aufenthalt in Rijeka. Einer der beiden Flughäfen in New York trägt seinen Namen. In Rijeka ist eine Straße nach ihm benannt.

Adresse Korzo 2, 51000 Rijeka | ÖPNV Buslinien 4, 7, 7a, Station Palazzo Modello | Tipp Gegenüber (Scarpina ulica) befindet sich der Palazzo Modello, in der die Stadtbibliothek untergebracht ist. Hier wurde 1805 das Theater Adamić errichtet, benannt nach Andrija Ljudevit Adamić, der seiner Geburtsstadt Rijeka wirtschaftlichen und kulturellen Aufschwung brachte. Das Gebäude wurde 1883 abgerissen. Im selben Jahr wurde das Palazzo Modello errichtet, geleitet wurden die Arbeiten von den Wiener Architekten Fellner und Helmer.

63 Die Linie 32

Besser als ein Sightseeing-Bus

Die Linie 32 gibt es seit vielen Jahrzehnten. Die letzten Schaffner wurden auf eben dieser Buslinie beschäftigt, bis Januar 1992. Von Rijeka fährt der Bus die Küstenstraße entlang, bis nach Opatija, Lovran und ins ehemalige Fischerdorf Moščenička Draga. Wer möchte, kann mit der Linie 32a noch weiter fahren, bis zur Endstation Zagore.

Vom Startpunkt in Rijeka geht es zunächst Richtung Westen aus der Stadt hinaus. Vorbei an der Schiffswerft 3. maj (in goldenen Zeiten die drittgrößte der Welt) und am alten Fußballstadion Kantrida. Danach kommt man nach Volosko, und wer gerne spazieren geht, kann hier aussteigen. Es führt eine schmale Straße hinunter in den Ort. Von hier aus kann man auf dem Lungo Mare bis Opatija oder weiter schlendern, immer am Ufer entlang. Bis Opatija ist es ein Kilometer, und bis nach Lovran sind es zwölf.

Die Linie 32 fährt weiter nach Opatija. Danach kommen zwei hübsche kleine Ortschaften, Ičići und Ika. Lovran sollte man sich etwas näher ansehen. Kurz nach Lovran fängt die D66 an, die fast bis nach Pula führt.

An jeder Station lohnt es sich, auszusteigen und den Ort zu erkunden. Die Bademöglichkeiten sind höchstens ein paar Minuten entfernt. Man kann auch mit demselben Ticket mehrmals aus- und wieder einsteigen. Wenn man an einem der Kioske in Rijeka (die überall zu finden sind) eine Fahrkarte für die Linie 32 kauft, dann stehen auf der Rückseite die Pausenzeiten, die man einlegen darf. Je mehr Zonen, desto größer dürfen die Pausen sein. Für die wenigen Euro, die man umgerechnet dafür bezahlt, kann man im Zweifel auch ein oder zwei Fahrkarten mehr kaufen, um die Pausen länger zu halten. Für diese Hop-on-hop-off-Tour dürfte sich das lohnen. In den Bussen erfolgen keine Durchsagen zu den Stationen. Deshalb den Busfahrer oder einen Fahrgast bitten, Bescheid zu sagen, wann die Wunschhaltestelle kommt und man aussteigen muss.

Adresse Jelačićev trg, 51000 Rijeka | ÖPNV alle Buslinien halten in unmittelbarer Nähe, entweder Station Fiumara oder Tržnica (Marktplatz) | Tipp Die Linie 32a fährt noch weiter, bis nach Istrien. Brseč ist ein pittoresker kleiner Ort aus dem Mittelalter, mit einer Olivenmühle aus dem 17. Jahrhundert. Allein die Aussicht auf die Inseln ist es wert, genauso wie der Strand Klančac, der einen Kilometer nördlich von Brseč liegt. Die Linie 32a fährt nur ein paar Mal täglich bis nach Brseč, deshalb auch darauf achten, wie man zurückkommt! Auf der Website www.autotrolej.hr/linije/ findet man den aktuellen Fahrplan.

64 Der Morčić

Talisman und Stadtsymbol

Einst wurde er als Ohrring von Fischern und Seefahrern getragen. Der Morčić galt als Talisman, was sicher auch mit den Legenden zusammenhängt, die sich um ihn ranken. Die Türken wurden im 16. Jahrhundert auf Grobnik besiegt. Was übrig blieb, waren ihre Turbane. Die andere Legende besagt, dass eine Comtesse ihrer dunkelhäutigen Dienerin die Freiheit schenkte und sich ein Schmuckstück anfertigen ließ, das sie an sie erinnerte.

Mit der Herstellung des Moretto begannen die Venezianer. Die italienischstämmigen Bewohner von Rijeka griffen dies auf und fertigten eine bescheidenere und bezahlbare Version an. Gegen Ende des 18. Jahrhunderts wurde der Morčić in der Via degli orefici (Gasse der Goldschmiede) hergestellt, heute Užarska ulica. Zunächst wurde er nur in Rijeka und Umland getragen, bis sich seine Popularität auch auf die Inseln des Kvarner und bis Senj erstreckte. Doch seinen Durchbruch erzielte er, als Kaiserin Maria Anna von Österreich 1845 mehrere Schmuckstücke mit dem Morčić bestellte. International erreichte er durch Agostino Gigante mehrere Auszeichnungen, unter anderem auf der Weltausstellung 1878 in Paris, 1895 in Budapest oder 1906 in London. Neben Ohrringen wurden im Laufe der Jahre Anhänger, Armbänder, Anstecknadeln und Broschen hergestellt, auch Krawattennadeln und Hemdknöpfe für Herren. Sogar am Stielende von Kaffee- und Espressolöffeln ist er zu finden. Es gibt Statuen und Street Art des Morčić – oder eben einen bemalten Eingang zu einer Tiefgarage. Hostels, Cafés und Kindergärten sind nach ihm benannt, es gibt einen Kinderchor und eine Fußball-Juniorenmannschaft gleichen Namens. Wenn Rijeka im Karneval zur Hochburg wird, darf der Morčić ebenfalls nicht fehlen. Seit 1991 ist er das offizielle Stadtsymbol. Die meisten Bewohnerinnen von Rijeka besitzen in irgendeiner Form den Morčić. Es symbolisiert die Zugehörigkeit zur Region.

Adresse Ecke Ulica Žrtava fašizma / Agatićeva ulica | **Anfahrt** Fiumara ulica (die am Mrtvi kanal entlangläuft) in nordöstliche Richtung bis zum Ende gehen, links in die Ulica Žrtava fašizma abbiegen, nach 50 Metern auf der linken Seite, vor dem Eingang zur Tiefgarage | **Tipp** Wenige Minuten entfernt ist die Konzerthalle Pogon kulture. Die Musik hat in Rijeka immer eine große Rolle gespielt. Die Szene ist groß und bietet ständig Konzerte, Festivals und viele Clubs. Im Pogon kulture finden sich wegen des Programms eher jüngere Jahrgänge (am Hotel Neboder, Ulica Strossmayerova 1, www.pogonkulture.hr).

65 Die Rettungsweste

Wie sie von der Titanic nach Rijeka kam

Die Carpathia, ein Schiff des britischen Unternehmens Cunard Line, verließ am 11. April 1912 den Hafen von New York. An Bord befanden sich 700 Passagiere. Im Jahre 1903 hatte der Schiffsverkehr auf der Strecke Rijeka–New York über den Atlantik begonnen, der Auswanderer aus Kroatien, Italien und Ungarn nach Amerika beförderte. Am Orlandov gat (wie er heute heißt), im Hafen von Rijeka, gingen die Auswanderer an Bord. In der Nacht vom 14. auf den 15. April empfing man auf der Carpathia SOS-Signale, woraufhin der Kapitän Arthur Henry Rostron anordnete, schnellstens zur Unglückstelle zu fahren. Um das Tempo zu erhöhen, ließ er die Heizung ausschalten, um ein Maximum an Energie zu erreichen. Dank der Carpathia und deren Besatzung wurden über 700 Schiffbrüchige der Titanic gerettet.

Auf der Carpathia befand sich auch Josip Car aus Rijeka, einer von 76 Kroaten an Bord. Josip Car war 18 Jahre alt und arbeitete als Kellner auf dem Schiff, zu jenem Zeitpunkt gerade einmal seit fünf Wochen. Nach der Rettungsaktion nahm er eine der Westen von der Titanic an sich, als eine Art Souvenir. Gut 20 Jahre blieb sie in seinem Besitz, bis er sie dem Museum in Rijeka schenkte. Insgesamt gibt es fünf Rettungswesten der Titanic, vier davon in den USA.

Die Carpathia und die Stadt Rijeka waren lange miteinander verbunden, erreichten in den Medien gemeinsam Weltruhm, zumindest für eine gewisse Zeit. Doch dann wurde die Carpathia 1918 durch einen Torpedo eines deutschen U-Boots zerstört. Das Makabre: Der Torpedo stammte von einem Erfinder aus Rijeka, wo die Torpedo-Fabrik auch ihren Sitz hatte. Ein Schiff und eine Stadt, die auf ungewöhnliche und schicksalhafte Weise miteinander verbunden waren. Das Museum befindet sich im ehemaligen Gouverneurspalast. Eigentlich muss man an Seefahrt gar nicht sonderlich interessiert sein, um an diesem faszinierenden Ort einen ganzen Tag zu verbringen.

Adresse Pomorski i povijesni muzej Hrvatskog primorja, Muzejski trg 1, 51000 Rijeka, www.ppmhp.hr | **Anfahrt** von der Tiefgarage Stari grad die Ulica Žrtava fašizma 300 Meter in nordwestliche Richtung gehen, an der Ampel die Straße überqueren und rechts gehen, nach wenigen Metern links durch das Tor zum Gouverneurspalast | **Öffnungszeiten** Mo 9–16 Uhr, Di–Sa 9–20 Uhr, So 16–20 Uhr, an Feiertagen geschlossen | **Tipp** Rijeka wurde auf Hügeln erbaut, weshalb es in der Stadt unzählige Treppen unterschiedlicher Epochen und Bauarten gibt. Entlang der Treppe Kalvarija verlief der Limes, dessen Mauerreste noch heute sichtbar sind. Von einigen der ehemaligen Kapellen sind noch Ruinen zu sehen. Eine Kapelle wurde restauriert.

66 Der Wolkenkratzer

Ein Gebäude dank der amerikanischen Prohibition

Drei Jahre dauerte der Bau dieses damals hochmodernen Hauses, 1942 wurde es fertiggestellt. Es wird »neboder« (Wolkenkratzer) genannt. Rijeka war seinerzeit aufgeteilt, ein Teil gehörte zum Königreich Jugoslawien, ein anderer zu Italien. Deshalb hieß Rijeka damals Fiume, und in diesem italienischen Teil der Stadt bot der freie Handel gute Gelegenheiten zur Geldwäsche. Die Geschichte dieses Gebäudes ist einzigartig, denn Italien hat seinerzeit so einiges in Rijeka investiert. Sicher nicht uneigennützig, aber vom Ausbau der Infrastruktur und des Gesundheitswesens hat die Stadt profitiert. Nachweise der Geldquellen für die Errichtung dieses Hochhauses gibt es freilich nicht – ansonsten wäre es ja keine Geldwäsche gewesen.

Während der Prohibition verdienten Al Capone und seine »Mitarbeiter« viel Geld in Chicago. Marco Albori (beziehungsweise Marco de Albori), ein Buchhalter Al Capones, hat dieses Hochhaus errichten lassen. Der Architekt war Umberto Nordio aus Triest. Es sollten hauptsächlich Wohnungen darin untergebracht werden, mit einigen Geschäftsräumen.

Al Capone soll den Bau wohlwollend unterstützt haben, da er eine Affinität zu Rijeka hatte. Seine Eltern waren von Italien nach Rijeka gekommen und sind von hier aus mit dem Schiff in die USA ausgewandert. Al Capones Großnichte hat in ihrem Buch und in Interviews sogar gesagt, dass ihre Urgroßmutter möglicherweise nicht im italienischen Angri, sondern in Rijeka geboren wurde.

In der Stadt geht man offen mit der Geschichte des Gebäudes um, weshalb auch nicht. Schließlich gibt es Gebäude im Ausland mit weit »dunklerer« Geschichte. Heute befinden sich in dem Haus ausschließlich Büros. Bedauerlicherweise darf man nicht hinein, um auf das Dach zu fahren und einen Blick über die Innenstadt zu werfen. Der Zugang ist autorisierten Personen vorbehalten.

Adresse Riječki neboder, Trpimirova 2, 51000 Rijeka | Anfahrt Auto im Stadtzentrum parken (Tiefgarage Stari grad oder Parkplatz Delta), Richtung Stadtturm gehen, durch die Fußgängerzone Korzo Richtung Westen bis zum Ende, hinter dem großen Brunnen am Platz steht das Hochhaus | Tipp An der Busstation neben dem Hochhaus halten die Linien 1 und 1a (Richtung Bivio oder Marčeljeva Draga), mit denen man in knapp 20 Minuten am alten Fußballstadion Kantrida ist. Es war stets unter den ungewöhnlichsten Stadien der Welt gelistet. Auf einer Seite ist eine karstige Felswand, auf der anderen Seite das Meer.

67 Die Schamsäule

Ein Pranger, der nach einer Kutsche benannt wurde

Kaum vorstellbar, dass hier einst Gesetzesbrecher einem Publikum vorgeführt wurden. Salež ist ein Dörfchen mit wenigen Häusern, die Einwohnerzahl bewegt sich im einstelligen Bereich. Doch möglicherweise machten sich Schaulustige früher tatsächlich die Mühe und kamen von weit her, um die Unmoralischen zu verhöhnen.

In Latein eingemeißelt steht die Jahreszahl 1769 und IVSTICIAM DILIGITE, was in etwa »Gerechtigkeit hochschätzen« bedeutet. Ob die Schrift von Anfang an auf der Schamsäule zu finden war oder nachträglich hinzugefügt wurde, ist unbekannt. Ebenfalls unbekannt ist der Name des Bildhauers. Die linke Hand der Figur liegt im Bauchbereich und in ihr ist ein Loch, durch das eine Kette hindurchgezogen wurde, an der hauptsächlich Diebe und Prostituierte angekettet wurden. Die andere Hand liegt etwas tiefer. Seltsamerweise trägt die Figur eine türkische Kopfbedeckung, was Raum für Spekulationen bietet, woher die Figur stammt.

Die Informationen über diesen Pranger wurden mündlich von Generation zu Generation weitergegeben, weshalb es irgendwann schwierig wurde, Fakten von phantasiereichen Interpretationen zu trennen. Der Pranger soll vom Schloss Petrapilosa stammen, das vier Kilometer südlich von Salež liegt. Als der Pranger auf einer Kutsche nach Salež gebracht wurde, war er angeblich reich mit Blumen geschmückt. Der Zug wurde feierlich von vielen jungen Frauen begleitet, die alle Weiß trugen. Die Menschen in dieser Region nannten die Schamsäule »Berlin« beziehungsweise Brlin. Die Straftäter wurden stets in einer Viersitzer-Pferdekutsche zum Pranger gefahren, die der Kutsche »Berline« glich. Also nannte man dann auch die Schamsäule so.

Zur damaligen Zeit gab es mehrere Pranger in Istrien, doch ist dieser der einzig verbliebene. Ende des 18. Jahrhunderts wurde das öffentliche Zurschaustellen von Joseph II. verboten.

Adresse Salež, am Friedhof und der Kirche nördlich des Dorfes, 52420 Buzet | **Anfahrt** D 201, den Wegweisern nach Salež folgen, kurz vor dem Ortseingang dem Wegweiser »groblje« (Friedhof) folgen, links die Straße bis zum Friedhof hinauffahren und man kommt direkt zur Schamsäule | **Tipp** Nur wenige Kilometer entfernt liegt Motovunska šuma (Motovun-Wald). Neben schöner Natur findet man hier die Therme Istarske toplice, und es gibt ein gutes Angebot der berühmten istrischen Trüffel (von Salež 8 Kilometer in südliche Richtung fahren).

68 Die Kremšnita im Livadić

Im romantischen Innenhof die Süßigkeit genießen

Das Gebäude, in dem sich das Hotel und Café befinden, wurde 1800 erbaut und steht unter Denkmalschutz. Ein Hotel wurde es erst 1994, zunächst mit nur zwölf Zimmern. Das Café mit der Konditorei gibt es allerdings seit 1989. Beides kann man nicht übersehen, da es direkt am Hauptplatz der Stadt steht. Das 3-Sterne-Hotel verfügt über 21 großzügige Zimmer, alle unterschiedlich eingerichtet. »Manche Stammgäste übernachten gerne jedes Mal in einem anderen Zimmer«, sagt die Besitzerin Marija Labaš. Geschäftsleute und Urlauber weichen gerne hierher aus, wenn ihnen das 20 Kilometer entfernte Zagreb zu laut und zu hektisch wird. Im Jahre 2011 bekam Marija Labaš einen Preis der Stadt Samobor. In wenigen Jahrzehnten hat sie es geschafft, das kleine Hotel und das Café aufzubauen, ein Vollzeitjob. Das Hotel wird heute von ihrer Tochter geleitet.

Die erste Assoziation mit Samobor ist in Kroatien die Süßspeise kremšnita (vom deutschen »Cremeschnitte«). Ein Kuchen mit einer Creme aus Eiern, Mehl, Milch und Zucker zwischen Blätterteig, oben mit Puderzucker bestäubt. Es gibt ihn in verschiedenen Varianten, mit Vanille beziehungsweise Vanillepudding oder aufgeschlagenem Eiweiß und Sahne. Im Hotel Livadić bekommt man sie in beachtlicher Größe und nach original Samobor-Rezept. Die kremšnita ist in ganz Kroatien beliebt, aber auch in den Nachbarländern. Wer nach Samobor kommt, isst meistens eine kremšnita, da sie hier ihren Siegeszug antrat. Vor dem Hotel stehen genügend Tische, um sich bei Kaffee und Kuchen die Sonne ins Gesicht scheinen zu lassen. Wer es ruhiger und romantischer mag, der kann im Innenhof des Hotels Platz nehmen. Der Weg kann direkt von der Straße genommen werden und führt nicht durchs Hotel. Und es muss auch nicht unbedingt eine kremšnita sein, denn im Café Livadić gibt es auch Eis und genügend andere kroatische und internationale Kuchen, wie etwa New Yorker Cheesecake.

Adresse Hotel Livadić, Trg kralja Tomislava 1, 10430 Samobor, www.hotel-livadic-hr, Tel. +385/013365850 | **Anfahrt** von Zagreb in südwestliche Richtung auf Zagrebačka avenija, geradeaus weiter auf Ljubljanska avenija, auf die E 70 fahren und Ausfahrt Bobovica nehmen, den Schildern nach Samobor folgen | **Öffnungszeiten** Café: täglich 8 – 24 Uhr, Hotel durchgehend | **Tipp** Vom Hotel bis zu Stari grad (Altstadt) führt ein schöner Spazierweg entlang des Baches Gradna.

69 Die Festung Nehaj

Zufluchtsort der Roten Zora und ihrer Bande

Der Autor Kurt Kläber wurde wegen seiner linksgerichteten Gesinnung zeitweise von den Nazis inhaftiert und musste schließlich aus Deutschland flüchten. Er war Mitglied im »Bund proletarisch-revolutionärer Schriftsteller«. Im Schweizer Exil bediente er sich später des Pseudonyms Kurt Held.

Auf einer Reise mit seiner Frau legte er eher unfreiwillig einen Zwischenstopp in Senj ein, da er sich nicht wohlfühlte. Hier soll er einen ärmlich aussehenden Jungen entdeckt und herangewinkt haben, weil er in ihm die Figur für ein Buch sah. Kurt Held lernte auch dessen Freunde kennen, allen voran das rothaarige Mädchen Zora. Wie Held erfuhr, war sie die Anführerin der vier Jungs. Die Kinder waren verwaist und lebten oben in der verlassenen Festung.

Den Hunger bekämpften sie durch Diebstähle, nahmen von den Wohlhabenden und »Bösen« und bezeichneten sich als Uskoken. Die Uskoken waren Freischärler, die im 16. Jahrhundert aus den osmanisch besetzten Gebieten geflüchtet waren. Nehaj wurde 1558 aus Trümmern zerstörter Kirchen erbaut, mit drei Meter dicken Wänden. Es war der Hauptsitz der Uskoken.

»Die rote Zora« erschien 1941 in der Schweiz. Der Name Zora bedeutet Morgendämmerung. In dem Buch geht es um zeitlose Werte: Gerechtigkeit und Freiheit, Freundschaft und Loyalität. Auf das Buch folgten eine Fernsehserie, Verfilmungen, Hörspielfassungen, Theaterstücke und sogar eine Oper. Die Verfilmung von 2008 wurde wegen der Veränderung Senjs in das Nachbarland Montenegro verlegt. »Die rote Zora« wurde in 18 Sprachen übersetzt – und 2017 endlich auch ins Kroatische. Astrid Lindgren hat sich angeblich durch »Die Rote Zora« zu Pippi Langstrumpf inspirieren lassen, die wenige Jahre danach erschien. Es wäre interessant zu erfahren, was später aus diesen Kindern geworden ist, wie viel Wahrheit und wie viel Dichtung in den Figuren Zora, Branko, Nikola, Đuro und Pavle steckte …

Adresse Tvrđava Nehaj, Nehajski put 3, 53270 Senj | **Anfahrt** am Ende der Straße Kolan (südlicher Teil des Hafens) links fahren, 500 Meter geradeaus in südöstliche Richtung, dem Wegweiser folgen | **Öffnungszeiten** Juli–Aug. täglich 10–21 Uhr, Mai–Juni, Sept.–Okt. täglich 10–18 Uhr; Restaurant in der Festung: Mitte April–Mitte Okt. 10–24 Uhr | **Tipp** Auch wenn die Konoba Lavlji dvor viel Internationales auf der Speisekarte hat, bietet sie ein schönes Ambiente und gutes Essen mit gestandenen Portionen (Petra Preradovića 2, Richtung Ufer/Senj fahren, die Konoba ist südlich der Kathedrale).

70 Der Ort Suđurađ

Die pure Erholung

Auf Šipan gibt es keinen Massentourismus. Es kommen weniger Urlauber hierher als auf die Inseln Lopud und Koločep, die ebenfalls zur Elaphitischen Inselgruppe gehören. Allerdings sind diese auch näher an Dubrovnik. An dem mangelnden Flair Šipans kann es kaum liegen, dass seine Nachbarinseln mehr Besucher anlocken.

Bereits im 15. Jahrhundert erholten sich hier die wohlhabenden Familien Dubrovniks. Manche ließen sich Sommerhäuser bauen. Einige dieser Häuser existieren heute noch. Erholung suchten hier später unter anderem auch Caroline von Monaco, der russische Präsident Medvedev und Morgan Freeman.

Lebten einst 7.000 Menschen auf Šipan, sind es heute nur noch 450. Auf der Insel gibt es Feigen, Trauben- und Weinbau. Nicht zu vergessen: Oliven. Dafür stand Šipan im Guinessbuch der Rekorde. Hier gibt es die meisten Olivenbäume in Relation zur Bevölkerungszahl. Im Jahr 1999 verzeichnete man bei der Olivenernte insgesamt knapp 116.000 Kilo. Apropos Relation: Wenn man bedenkt, dass es 34 Kirchen gibt, dann kommen auf eine Kirche 13 Einwohner.

Diese ruhige Insel hat zwei Ortschaften, Šipanska Luka und Suđurad. In Suđurad geht es noch etwas ruhiger zu als in Šipanska Luka, wo es ein größeres Hotel gibt. Am Meeresgrund vor Suđurad wurde 1997 ein römisches Schiff aus der Antike entdeckt. Dabei hat man Relikte von Ankern und Geschirr geborgen. Im Hafen findet man das Restaurant Stara mlinica, was »Alte, kleine Mühle« bedeutet, weil früher eine an dieser Stelle stand. Es gibt ein paar Restaurants und Häuser, die Unterkünfte anbieten – nicht viel mehr. Suđurađ ist optimal für alle, die Ruhe und Erholung möchten. Wer im Hafen Šipanska Luka ankommt, muss die fünf Kilometer nach Suđurađ nicht zu Fuß zurücklegen. Neben dem Hotel Šipan steht ein Kleinbus, der auch als Schulbus dient. Der Fahrplan ist an der Frontscheibe befestigt.

Adresse 20223 Suđurad, Insel Šipan | **Anfahrt** mit der Fähre Jadrolinija von Dubrovnik, Tickets online kaufen auf www.jadrolinija.hr oder im Hafen von Dubrovnik, Obala Stjepana Radića 40; per Katamaran mit dem Unternehmen G&V Line von Dubrovnik bis Šipan, Infos unter www.gv-line.hr, Tickets kauft man auf dem Katamaran oder in Dubrovniks Hafen, das Verkaufshäuschen öffnet 30 Minuten vor Abfahrt (Auf der Website die Zeiten einsehen!) | **Tipp** Es gibt eine schöne, abgeschiedene Badebucht gegenüber von Šipanska Luka (von Suđurađ mit dem Kleinbus nach Šipanska Luka fahren, von der Endstation links circa 500 Meter am Ufer entlanggehen).

71 Die Hochzeitsfestung

Märchenhaft und vielseitig

Zwischen den beiden Flüssen Kupa und Save liegt romantisch die Festung Sisak. Die optischen Vorzüge des Standorts dürften beim Bau kaum das entscheidende Kriterium gewesen sein. Vielmehr wurde er wegen des günstigen Versorgungsweges gewählt. Und natürlich hatten es die Feinde schwer, hier anzugreifen. Originell ist nicht nur der Standort, sondern auch die Bauart. Zu jener Zeit, Mitte des 16. Jahrhunderts, wurden als Verteidigung gegen die Osmanen meist Festungen quadratischer Form gebaut. Diese hat einen dreieckigen Grundriss. Die drei Bastionen sind mit Mauern miteinander verbunden, die circa 30 Meter lang sind. Ein klassisches Eingangstor sucht man vergebens, stattdessen führt eine Treppe nach oben zu einer kleinen Tür.

Die heutige Festung wurde zum Teil aus den Trümmern der antiken Stadt Siscia erbaut, die Octavian (später Kaiser Augustus) einst erschaffen ließ. In drei Versuchen, die Festung zu erobern, scheiterten die Türken, letztmalig 1593. Im Inneren gibt es ein Museum, das die Geschichte der Stadt präsentiert. In einem der Räume ist die Sisačka bitka (Schlacht in Sisak) in einer Nachbildung dargestellt. Diese Schlacht war entscheidend, da sie als endgültige Niederlage der Osmanen in Kroatien gilt.

Es gibt regelmäßig Ausstellungen, und im Innenhof der Festung finden Konzerte und Veranstaltungen statt. Unzählige Paare haben sich hier bereits trauen lassen, seit vielen Jahren schon. Allerdings gab es eine mehrjährige Pause wegen Restaurierungsarbeiten. Die Atmosphäre soll es sein, weshalb hier so gerne der Bund fürs Leben geschlossen wird. Zu diesem Zweck gibt es ein separates Zimmer. Die Standesbeamten kommen am vereinbarten Termin aus der Stadt. Gefeiert wird im nahe gelegenen Restaurant oder in einem großen Zelt vor der Festung. Auch wenn der Standort einst nicht aus romantischen Beweggründen gewählt wurde, ist er es geworden, märchenhaft zwischen Save und Kupa.

Adresse Stari grad Sisak, Obala Tome Bakača Erdödyja 58, 44000 Sisak, www.muzej-sisak.hr | **Anfahrt** vom Stadtzentrum auf der Ulica kralja Tomislava in südöstliche Richtung fahren, nach der Unterführung noch 400 Meter geradeaus und vor der Brücke rechts abbiegen, dieser Straße folgen | **Öffnungszeiten** Ende Mai – 1. Okt. Di – Fr 12 – 18 Uhr, Sa, So 12 – 20 Uhr | **Tipp** Die Bewohner von Sisak baden bei warmem Wetter im Fluss Kupa. Der »Zibel« ist ein beliebtes Freibad, auch bei Familien (vom Stadtzentrum Richtung Westen über die Brücke fahren, links in die Ulica Josipa Jurja Strossmayera, rechts in Ulica Hrvatskih domobrana, geradeaus und dem Wegweiser »Kupalište Zibel« folgen).

72 Der Teufelsdurchgang

Paradiesisch – und durchaus ein bisschen teuflisch

Schon der Weg vom Parkplatz bis Vražji prolaz (Teufelsdurchgang) ist paradiesisch und teuflisch zugleich. Paradiesisch für alle, die unberührte und wilde Natur lieben, denn der Pfad führt an dem malerisch dahinplätschernden Bach Curak entlang. Etwas teuflisch ist er vielleicht für Menschen mit ausgeprägter Höhenangst – streckenweise geht man bis zum Ziel über recht schmale Abschnitte ohne Geländer, die an einem ... nun ja, doch recht beachtlichen Abgrund entlangführen. Wer damit kein Problem hat, kann hier die beeindruckende und schroffe Natur genießen. Das ist frische Luft in ihrer reinsten Form.

Beim Tickethäuschen angekommen, sind es noch circa 30 Minuten Wanderweg. Tatsächlich hat der Teufelsdurchgang – und der Weg bis dorthin – seinen Namen nicht willkürlich bekommen. Doch ist auch eine gehörige Portion wilder Romantik dabei, die dieses Gebiet absolut sehenswert macht. Ein ganz besonderer Ausflug. Wer in die Nähe von Skrad kommt, sollte nicht versäumen, die Schlucht zu passieren.

Durch hohe und wilde Felsen wurden Metallträger getrieben, um Brücken und Treppen anzubringen. Das Wasser hat während Hunderten oder Tausenden Jahren den Teufelsdurchgang entstehen lassen. Stellenweise ist die Schlucht nur zwei Meter breit. Mittendrin verläuft der stürmische Bach Jasle. Die Geräuschkulisse des Wassers hängt natürlich von der Jahreszeit ab. Im Sommer gibt es weniger Wasser, aber dennoch genug, um den temperamentvollen Jasle tosen zu lassen.

Am Ende des Teufelsdurchgangs liegt der Eingang zur Höhle Muževa kućica. Sie ist 200 Meter lang und kann betreten werden.

Wer noch mehr von Skrad möchte, kann einen Abstecher zum nahen Wasserfall Zeleni vir machen. Seinen Namen »Grüner Wirbel« verdankt er dem smaragdgrünen Wasser im See. Der Wasserfall stürzt an 70 Meter hohen Felsen in die Tiefe.

Adresse Vražji prolaz (Zeleni vir), 51311 Skrad | **Anfahrt** von Brod na Kupi Richtung Delnice fahren, nach 1 Kilometer links abbiegen und durch Iševnica fahren, in Donji Ložac rechts und der Schotterstraße folgen; auf dem Parkplatz das Auto stehen lassen, 1 Minute geradeaus gehen, auf der linken Seite führt ein schmaler Weg nach oben | **Öffnungszeiten** Mai–Okt. 9–19 Uhr | **Tipp** »Kupa Sports« bietet Rafting, Wandern als Tages- und Mehrtagesauflüge, Wildbeobachtung und einiges mehr. Iševnica ist nur ein paar Kilometer entfernt, doch der Verwaltungssitz ist in Severin na Kupi (www.kupa-sports.com, Tel. +385/959037484, nach Ortsende Iševnica rechts abbiegen).

73__Die 3D-Street-Art

Standort eines Rekords

In Slavonski Brod findet man das erste Street-Art-Bild Kroatiens in 3D – oder wie es eigentlich heißt: anamorphotische Street-Art. Hier, in seiner Heimatstadt, hat Filip Mrvelj dieses Kunstwerk im Juni 2011 gefertigt, mit einer beachtlichen Größe von 1.300 Quadratmetern. Inoffiziell war es zu jenem Zeitpunkt das größte anamorphotische Bild der Welt, denn als es entstand, war laut Guinnessbuch das größte Bild dieser Art etwa 800 Quadratmeter groß.

Auch auf Zypern malte Mrvelj das erste Bild in 3D. Im Jahr 2013 war der Künstler Teil eines internationalen Teams, das im niederländischen Lelystad mit 140,30 Metern das längste anamorphotische Straßenbild der Welt verwirklichte. Organisiert wurde das Projekt von »Planet Street Painting«.

Gemalt hat Filip Mrvelj eigentlich schon immer. Im Jahr 2009 begann er mit der anamorphotischen Straßenmalerei, ganz intuitiv und ohne Mentor. Schon ein Jahr danach präsentierte er seine Arbeiten der Öffentlichkeit. Innerhalb weniger Jahre hat er sich als Street-Art-Künstler einen Namen gemacht. Filip Mrvelj lebt heute in Berlin. Seine Kunstwerke hinterließ er in zahlreichen Ländern, unter anderem in Deutschland, Österreich, Frankreich, Schweden, Thailand, Qatar … In Kroatien ist, außer Slavonski Brod, besonders Vukovar hervorzuheben. Auf einer Brücke in der Innenstadt hat Mrvelj dort ein außergewöhnliches Bild gemalt.

Schön, dass der Künstler in seiner Geburtsstadt Slavonski Brod einen Rekord aufgestellt hat, mit einem attraktiven Standort, direkt an der Save. Gegenüber, auf der anderen Seite des Flusses, liegt Bosnien-Herzegowina. Das Bild sollte man sich aus unterschiedlichen Blickwinkeln ansehen. Den 3D-Effekt bekommt man gut auf ein Foto. Aber es fotografiert ohnehin jeder, der hierherkommt. Ein beeindruckendes Bild vom original Standort eines Rekords – jedenfalls zum Zeitpunkt seiner Entstehung.

Adresse bei Trg Svetog Trojstva und dem Kloster, 35000 Slavonski Brod | **Anfahrt** auf E 70 oder auf D 53 bis Slavonski Brod, dann auf der Vinogradska ulica in südliche Richtung, links auf Ulica Dr. Mile Budaka, im Kreisverkehr rechts auf Ulica Eugena Kumičića, nach 1 Kilometer links in Ulica Petra Krešimira IV. und nach 150 Metern rechts in Ulica Tome Skalice (Parkplatz suchen und zu Fuß bis zum Ufer gehen); von Ulica Tome Skalice links | **Tipp** Wer in Slavonski Brod übernachten möchte, findet im Art Hotel hübsche Zimmer und ein gutes gastronomisches Angebot (Ulica Nikole Zrinskog 44).

74 Der Totempfahl

Erinnerung an Winnetou

Wem Plitvička jezera (Plitwitzer Seen) zu stressig ist, dem sei ein Ausflug nach Rastoke empfohlen. »Klein-Plitvice« oder die »Mini-Ausgabe von Plitvice« wird der Ort genannt. Die Besucherzahl ist mit der in Plitvice nicht zu vergleichen, was Rastoke so angenehm macht. Nicht wenige Leute fahren hier ahnungslos vorbei. Was wiederum bedauerlich ist, denn dieser Park bietet viel Schönes und Interessantes, mit netten Details. Wie zum Beispiel Winnetous Totempfahl. Für die nordamerikanischen Ureinwohner war er eine Art Familien- oder Stammwappen, der aus Holz geschnitzt wurde.

Die Winnetou-Filme wurden an verschiedenen Orten in Kroatien gedreht. Anfang der 1960er Jahre entstand in dieser Region der Großteil der Aufnahmen für »Der Schatz im Silbersee«. Andere Szenen wurden an der Zrmanja-Schlucht gedreht (30 Kilometer nordöstlich von Zadar). Den Silbersee stellte Kaluđerovac dar, einer der Seen in Plitvice. Um Slunj und Rastoke siedelte man das Indianerdorf an, ebenso wie den Saloon. Das Totem wurde für die Filmarbeiten gefertigt. Amüsanterweise finden sich darauf typische Motive von Lika, der hiesigen Region, und nicht eines nordamerikanischen Stammes.

Hier fließt die Slunjčica in die Korana. Rastoke ist zwar sehr viel kleiner als Plitvice, aber nicht weniger bezaubernd. Die Wasserfälle tragen Namen wie »Vilina kosa« (Feenhaar), »Buk« (Lärm, weil er weit zu hören ist) oder »Hrvoje«, benannt nach dem unglücklichen Mann, der sich in diesen Wasserfall stürzte. Man kann das kleine Ethno-Museum besuchen und eine Höhle. Die alte Mühle wurde restauriert. In Rastoke gab es vor etwa 400 Jahren für lange Zeit Weizen- und Maismüller.

Ein Besuch lohnt das ganze Jahr über, denn Rastoke hat in jeder Jahreszeit einen eigenen Charme. Auch im Winter, wenn alles mit Schnee bedeckt ist, was in der Region Lika nicht selten vorkommt.

Adresse Rastoke, 47240 Slunj | Anfahrt auf der D1 nach Rastoke, circa 600 Meter nördlich der Stadt Slunj, auf der Ulica braće Radića (D1) biegt man links nach Rastoke ab und folgt der Beschilderung zum Park | Öffnungszeiten Mi–Mo 9–21 Uhr, Di geschlossen | Tipp Direkt am Wasserfall bekommt man in der Konoba Kum sehr gute Pizza. Auch Nudelgerichte und Salat stehen auf der Speisekarte (Rastoke 5, Tel. +385/47778120).

75__Nikola Teslas Geburtshaus

Das bescheidene Zuhause eines großen Genies

Die Art, wie wir heute leben, geht zu großen Teilen auf Nikola Tesla (1856–1943) zurück. Er legte den Grundstein für Telefon, Radio, Robotik, das Röntgengerät und vieles mehr. Skurrilerweise wissen die meisten Menschen, dass Thomas Edison der Erfinder der Glühbirne ist. Doch wer ist Nikola Tesla? Sein Name taucht oft nur marginal auf. Um eine Redewendung zu bemühen: Was Tesla im kleinen Finger hatte, hatte Edison nicht in der ganzen Hand. Edison war jedes Mittel recht, um Tesla zu diskreditieren. Edisons Gleichstrom bedeutete große Kosten, und am Ende siegte Tesla mit seinem Wechselstrom. Er erzielte damit 1893 bei der Weltausstellung in Chicago seinen Durchbruch. Als der Industrielle George Westinghouse Tesla vorjammerte, dass dessen hohe Tantiemen seine Firma ruinieren würden, zerriss Tesla den Vertrag, aus Loyalität. Tesla hätte zu Lebzeiten der reichste Mensch der Welt werden können, stattdessen gab er sich mit einer mageren Pauschale zufrieden.

Er lebte für seine Arbeit, doch den Ruhm für seine Erfindungen heimsten andere ein. Bis heute steht in Lexika der Name Guglielmo Marconi als Erfinder des Telefons. Marconi bekam dafür den Nobelpreis. Sechs Monate nach Teslas Tod entschied der Oberste Gerichtshof zu Gunsten Teslas.

Tesla war beliebt, kultiviert und besaß Sinn für Humor. Ein Visionär mit 700 Patenten, der seiner Zeit weit voraus war. Er starb verarmt und einsam in einem New Yorker Hotelzimmer.

Tesla entstammt einer serbisch-orthodoxen Familie. Die Kirche, in der sein Vater diente, steht neben dem Geburtshaus. Im Haus ist ein Museum eingerichtet, in dem die Erfindungen anschaulich dargestellt werden. Tesla ist in einer schönen Umgebung aufgewachsen, umgeben von Wald und mit einem plätschernden Bach vor dem Haus. Gleichzeitig wird deutlich, dass dieses Genie hier nicht bleiben konnte. Er ging hinaus in die Welt – und veränderte sie grundlegend.

Adresse Memorijalni centar Nikola Tesla, Smiljan 87, 53211 Smiljan, www.mcnikolatesla.hr, Tel. +385/53746530 | **Anfahrt** von Gospić in westliche Richtung auf Smiljanska ulica fahren, nach 4 Kilometern links abbiegen und noch 1 Kilometer weiter, die Gedenkstätte ist auf der linken Seite | **Öffnungszeiten** Nov. – 20. März Di – Sa 8 – 15 Uhr, So 10 – 15 Uhr; 21. März – Okt. Di – Sa 8 – 20 Uhr, So 9 – 19 Uhr | **Tipp** Das »Chalet Sanjam Liku« ist nicht nur eine hübsche Unterkunft in schöner Umgebung, sondern liegt auch sehr günstig für Ausflüge (Dubokolje bb, 53211 Bužim, www.sanjamliku.com).

76 Die Rennstrecke

Zum Zusehen, Üben oder Gasgeben

Die ersten Rennen gab es in Kroatien 1939, damals noch in Preluk. Der Ort liegt in der Bucht zwischen Rijeka und Opatija. Damals fuhr man in Preluk allerdings noch Sportwagen, erst später gab es Rennen mit Motorrädern. Der erste Grand Prix fand 1969 statt, bis 1977 wurde der Wettkampf hier ausgetragen. Die Strecke stand schon Anfang der 1970er Jahre wegen Sicherheitsbedenken in der Kritik. Nachdem es 1977 dann zwei Tote und viele Verletzte gegeben hatte, bedeutete es das Aus für den Grand Prix in Preluk. Heute ist auf dem Terrain eine Kartbahn (gegenüber der Straße des »Camp Preluk«).

Ersatz musste her. Innerhalb eines halben Jahres entstand die Rennstrecke in Grobnik. Im Jahr 1977, gleich nach dem offiziellen Ende in Preluk, begann man mit der Legung, und 1978 fand bereits der erste »Grand Prix von Jugoslawien« statt. Das letzte internationale Rennen lief 1990. Nach Ausbruch des Krieges 1991 und dem Zerfall Jugoslawiens war nun auch in Grobnik Schluss mit dem Grand Prix. Die Modernisierung begann 2017, und seit April 2018 ist die Piste in besserem Zustand, da sie neu asphaltiert wurde. Die Länge der Piste beträgt 4,16 Kilometer. Sie ist zehn Meter breit und verfügt über 15 Kurven. Unter anderem ist sie ausgestattet mit Tankstation, Reifenservice, Zeitmessung und medizinischer Versorgung.

Die Piste in Grobnik wird sowohl von Profis als auch von Amateuren befahren. Aus allen Teilen Europas kommen sie hierher zum Training. Oder einfach für den Kick. Als Teststrecke wird sie auch von Mercedes, Audi, Suzuki oder Aprilia genutzt. Privatpersonen können sich jederzeit anmelden, sofern am gewünschten Reservierungstag keine Veranstaltungen stattfinden. Es gibt hier auch die Möglichkeit zur Schulung, bei der »Racing School 99«. Wer sich für Rennsport interessiert, kann bei interessanten Events zusehen oder daran teilnehmen, wie zum Beispiel am Open Day.

Adresse Automotodrom Grobnik, Automotodrom 1 (Soboli), 51219 Čavle, www.grobnik.hr, Tel. +385/51502302 | **Anfahrt** Autobahn Richtung Zagreb, die Ausfahrt Automotodrom nehmen und dem Wegweiser folgen | **Öffnungszeiten** täglich 8–22 Uhr, Kasse bis 16 Uhr, Kalender mit Öffnungstagen, Veranstaltungen und Reservierungen auf der Website einsehen! Anmeldungen oder Anfragen unter tajnistvo@grobnik.hr | **Tipp** Im Restaurant Aerosteak gibt es sehr empfehlenswerte Steaks – und für Vegetarier werden verschiedene Salate angeboten. Aber auch die anderen Gerichte sind empfehlenswert (Soboli 35, 2 Kilometer um die Rennstrecke herum, beim Flugplatz).

77__Die Steinhäuser

Inspiration für Künstler

Auf Šolta angekommen, steht man zunächst im Hafen der Ortschaft Rogač. Der erste Eindruck ist nicht überwältigend, eine Straße und ein Wegweiser. Doch der erste Eindruck ist nicht immer der verlässlichste, denn Šolta ist ein wahres Schmuckstück Mitteldalmatiens und immer noch eine Art Geheimtipp. Viel zu schade für nur einen kurzen Trip von Split aus, denn wenn es eine Insel gibt, die entdeckt werden will, dann ist es Šolta.

Vieles ließe sich über sie erzählen, über die Strände und die malerischen Ortschaften Stomorska oder Maslinica, von wo aus man auf die kleinen und winzigen Inseln blicken kann, die vor Šolta liegen. Eine der Besonderheiten ist Grohote mit seinen alten Steinhäusern mit der speziellen Bauart. Es ist sowohl die größte als auch die älteste Ortschaft der Insel. Hier sitzen die Verwaltung und die Schule, die Klinik, Polizei und Post. In Grohote wurden Spuren der alten Römer entdeckt.

Grohote diente als Filmkulisse der beliebten kroatischen Fernsehserie »Velo misto«, die um 1980 gedreht wurde. Aus dem Ort stammen mehrere berühmte Kunstmaler Kroatiens.

Die Steinhäuser sind nach traditioneller Art errichtet, stehen nah beieinander und bilden dadurch schattige Gassen. Die Bewohner bauten ihre Wohnhäuser und Ställe mit dem Material, das zur Genüge vorhanden war, aus Stein. Auch für die Abgrenzungen zwischen Häusern und Grundstücken wurden Steine genommen, ebenso für Olivenhaine oder Weingärten.

Beinahe alle diese Häuser haben ein erstes Obergeschoss. Im unteren Bereich befinden sich Aufbewahrungsräume, meistens für Lebensmittel beziehungsweise zur Weiterverarbeitung. Manchmal auch eine Weizenmühle, die einige Bewohner besaßen. Die Dächer bestanden früher aus Kalksteinplatten, erst später ging man zu Ziegeldächern über.

Adresse 21430 Grohote, Insel Šolta | Anfahrt von Split aus verkehren mehrmals täglich Fähren (Tickets online bei www.jadronlinja.hr oder im Hafen von Split beim Unternehmen Jadrolinja kaufen: Gat Sv. Duje bb); vom Hafen auf Šolta fährt man links die Hauptstraße hinauf, nach circa 2 Kilometern zur Kirche svetog Stjepana, westlich und südlich von ihr finden sich die meisten alten Steinhäuser | Tipp Auf der Insel gibt es viele kleinere und größere Badebuchten. Besonders empfehlenswert sind jene im südlichen Teil von Šolta.

78__Die jüdische Gasse

Eine kleine, aber alte Gemeinde

In Split leben heute etwa 100 Menschen jüdischen Glaubens. Die ersten Juden siedelten sich vermutlich im 7. Jahrhundert an. Während der Venezianischen Republik, im 16. Jahrhundert, kamen spanische und portugiesische Familien jüdischen Glaubens nach Split. Zu dieser Zeit entstand das »Geto« (Ghetto), dort, wo sich der Židovski prolaz (Jüdische Gasse / Durchgang) und die Synagoge befinden. Die kleine Synagoge wurde im 16. Jahrhundert erbaut. Ihr heutiges Aussehen erhielt sie 1728. Die jüdischen Bewohner haben in der Geschichte der Stadt ihre kulturhistorischen Spuren hinterlassen. Ein bedeutender Spliter Jude war beispielsweise Vid Morpurgo, der 1838 hier geboren wurde. Er war Verleger und Politiker und ist auf dem alten jüdischen Friedhof Marjan beigesetzt. Etwa 700 Gräber gibt es hier, das älteste ist 1717 gelegt worden, und 1942 erfolgte die letzte Beisetzung.

In Kroatien leben etwa 530 Juden, während es Anfang des 20. Jahrhunderts allein in Zagreb und Osijek jeweils mehrere tausend waren. Während des Zweiten Weltkriegs war auch Kroatien für sie kein sicheres Land, da es von 1941 bis 1945 unter faschistischer Führung stand. Ein großer Teil der Küste wurde aufgrund eines schmutzigen Deals vom kroatischen Faschistenführer Ante Pavelić an den italienischen Faschistenführer Benito Mussolini übergeben. Nach Italiens Kapitulation ging das Territorium wieder an Kroatien zurück. Nachdem 1942 der italienische Faschist Giovanni Savo zusammen mit seinen Gefolgsleuten die Synagoge gestürmt, geplündert und wertvolle historische Dokumente auf dem Platz (heute Narodni trg) verbrannt hatte, wurde er später von einem jungen Spliter erschossen.

Die Anzahl der jüdischen Bürger geht auch wegen der Mischehen zurück, weil die Kinder häufig dem römisch-katholischen Glauben angehören. Sollte die Tür zur Synagoge verschlossen sein, kann man sich ein wenig gedulden, um an der nächsten Führung teilzunehmen.

Adresse Židovski prolaz, 21000 Split, www.zost.hr | **Anfahrt** Auto in Nähe des Hafens parken und Richtung Diokletianpalast gehen, von Dioklecijanova ulica links in Dominisova ulica und circa 50 Meter weiter, bis auf der rechten Seite die Gasse Židovski prolaz kommt | **Öffnungszeiten** Synagoge 10–14 Uhr | **Tipp** Ein kleiner Ausflug zum Park Marjan lohnt sich nicht nur wegen des großartigen Ausblicks von mehreren Aussichtsplattformen. Es lohnt auch wegen des jüdischen Friedhofs (Prilaz Vladimira Nazora 1, am besten mit Buslinie 12 Richtung Bene/Meje vor der Kirche sv. Frane, am Ende der Riva, Westseite).

79 Das Kino Karaman

Die Filme ändern sich, dieses Filmtheater bleibt

Seit 1907 gibt es das Kino Karaman, benannt nach einem kroatischen Filmemacher, der 1864 in Split geboren wurde. Josip Bepo Karaman gründete das Kino unter dem Namen Grand Elektro Bioskop. Karamans Interesse galt auch der Musik, doch blieb er der Bevölkerung durch sein Filmschaffen in Erinnerung. Im Jahr 1910 kaufte er sich eine Kamera und hielt damit aktuelle Ereignisse fest. Die Aufnahmen präsentierte er dann in seinem Kino.

Mehrere Generationen haben im Karaman viele Stunden ihrer Jugend verbracht. Auch wenn die ultramodernen Kinos starke Konkurrenz bedeuten, hat sich dieses Old-School-Kino bis heute halten können. Manche Leute besuchen es aus nostalgischen, andere aus pragmatischen Gründen. Die Lage ist nun einmal perfekt. Es befindet sich in unmittelbarer Nähe zur Riva. Natürlich muss man mit den Großen mithalten, weshalb 2013 die technische Ausstattung des Karaman modernisiert wurde. Es bietet immerhin 230 Sitzplätze. Im Vergleich zu neuen Kinos ist diese Zahl nicht beeindruckend. In Anbetracht seines Alters jedoch ist die Kapazität des Saals gar nicht mal klein.

Touristen gehen in Kroatien nur selten ins Kino, weil sie vermuten, dass die Filme in die Landessprache synchronisiert werden. Sie wissen nicht, dass Kroatien nie zur Synchronisation übergegangen ist. Eine Ausnahme sind Kinderfilme, weil Kinder die Untertitel noch nicht lesen können. Auch wenn die Kroaten ihre Sprachkultur pflegen und ihre Sprache lieben, fänden sie es befremdlich, wenn ein Amerikaner auf der Leinwand Kroatisch spräche. Das Aufwachsen mit der englischen Sprache ist auch der Grund, weshalb die meisten Kroaten es recht gut sprechen.

Deshalb kann jeder, der des Englischen einigermaßen mächtig ist, in Kroatien Filme in Originalfassung sehen. Am besten im Kino Karaman, das sich hoffentlich noch lange halten wird, trotz der modernen Konkurrenz.

Adresse Kino Karaman, Ilićev prolaz 1, 21000 Split, www.ekran.hr | **Anfahrt** Auto in Nähe des Hafens parken, in nordwestliche Richtung zur Riva (Strandpromenade) gehen, am Ende der Riva rechts in die Marmontova ulica, nach circa 30 Metern rechts in Ilićev prolaz | **Öffnungszeiten** Vorstellungen täglich gegen 17, 19 und 21 Uhr, Karten können an der Kasse 30 Minuten vorher gekauft werden oder 8–15 Uhr unter Tel. +385/21348676 | **Tipp** Wer unter freiem Himmel Filme sehen möchte, kann das unter anderem auch in Split. Seit den 1950er Jahren gibt es hier das Open Air Kino Bačvice (Šetalište Petra Preradovića 6).

80_Die kleine Patisserie

Ein süßer Laden, in jeder Hinsicht

Die Auswahl fällt nicht leicht. Köstliche Kuchen, Torten und Törtchen reihen sich hier aneinander. Der größte Teil gehört konstant zum Sortiment. Doch die Besitzerin Tea Mamut erfindet gerne immer wieder Neues. Sie arbeitet ausschließlich mit Rohmaterial, das sie von Kleinbetrieben aus ganz Kroatien bezieht, erzählt sie. Alles wird in der Backstube, die an ihren Laden angeschlossen ist, selbst hergestellt. Ihre Ausbildung absolvierte sie im renommierten Culinary Institute of America in New York. Seit 2011 hat sie diese Café-Patisserie in Split. In ihrer Stadt ist sie mittlerweile sehr bekannt, wird auch für Hochzeitstorten engagiert. Ihr Beruf ist ihre Berufung, weil sie Süßes liebt, ihre Kreativität ausleben kann und gerne selbstständig arbeitet.

Das O'š kolač erinnert an Pariser Patisserien. Es ist auch ein Café, in dem man an kleinen Tischen und in romantisch-pastelliger Atmosphäre die leckeren Kuchen und Tartes essen kann. Zum Beispiel »Štorija o palačinki«, ein Kuchen aus geschichteten Pfannkuchen und Vanillecreme.

Zu trinken gibt es, neben Kaffee, Tee und Sojamilch, auch frisch gepresste Säfte. Sowohl ihre Produkte als auch ihr Laden tragen Namen im dalmatinischen Dialekt. »Hoćeš kolač?« heißt auf Deutsch »Möchtest du einen Kuchen?«, und in Split sagt man eben: »O'š kolač?« Eine ihrer Tartes hat Tea Mamut »Šinjorina« (Fräulein) genannt. Auch wenn Kuchen immer Geschmackssache ist, verdient »Šjor limun« (Herr Zitrone) eine nähere Beschreibung. Der Kuchen besteht aus Zitronenbiskuit, weißer Schokolade, gerösteten Mandeln und Zitronencreme.

Die Slastičarna (Konditoreien / Feinbäckereien) und Cafés haben in Kroatien eine lange Tradition. Mit O'š kolač ist Tea Mamut vom Kurs der klassischen Kuchen ein wenig abgewichen und einen anderen Weg gegangen. Süße Idee. Süßer Laden.

Adresse O's kolač, Ulica Ćirila i Metoda 4, 21000 Split, www.oskolac.hr | **Anfahrt** von der Riva zu Fuß durch die Altstadt Richtung Norden, die Marmontova Ulica bis zum Ende gehen, weiter auf Trg Gaje Bulata, links auf Ulica Ćirila i Metoda | **Öffnungszeiten** Mo–Sa 8–21 Uhr | **Tipp** Wer an Bioprodukten und alternativen Heilmethoden interessiert ist, kann bei »Aloe Vera« vorbeischauen. Das Sortiment besteht aus Lebensmitteln, Kosmetik und pflanzlichen Heilprodukten kroatischer und ausländischer Hersteller (Aloe Vera – Biljna ljekarna, Ulica Zrinsko Frankopanska 6).

81__Nadalina

Südamerikanischer Kakao und dalmatinische Zusätze

Der Unternehmer Marinko Biškić entstammt einer Familie von Bäckern. Im Jahr 1990 gründete er ein kleines Unternehmen, das Gewürze verarbeitete. »Ich trinke keinen Alkohol und rauche nicht, aber ich war schon immer süchtig nach Schokolade«, sagt er. Aus dieser Schwäche machte Biškić eine Stärke.

Mehrere Preise hat er seither gewonnen, in Florenz, Amsterdam und London. Seine Schokolade besticht durch Qualität und Handarbeit. Seine Rohstoffe bezieht er aus Mittel- und Südamerika. Anders als viele andere Hersteller verarbeitet er die Kakaobohnen in seinem eigenen Unternehmen. Dieser Prozess des Säuberns, Röstens und Mahlens dauert bis zu 72 Stunden. Die anderen Inhaltsstoffe kommen aus der dalmatinischen Region, wie zum Beispiel Lavendel aus Hvar oder Salbei aus Biokovo. Nadalina bietet auch Schokolade mit Cremefüllung an, aus getrockneten Feigen, Oliven oder mit Dessertwein.

Seit vielen Jahren ist Marinko Biškić Mitglied einer Band. Also hat er seine beiden Leidenschaften in ein Produkt gepackt: Seine Schallplatte, die 2013 auf den Markt kam, ist aus Schokolade. Man kann sie zuerst anhören und dann essen. Sogar bis ins Guinnessbuch hat es Biškić geschafft, mit der größten Schokolade der Welt, die in Split präsentiert wurde.

Die Preise sind mit zum Beispiel 15 Kuna für 50 Gramm Lavendel-Schokolade, für dieses aufwendig gearbeitete Bio-Produkt durchaus angemessen. Wer die Kosten nicht scheut, kann auch 600 Kuna für 40 Gramm bezahlen. Diese Schokolade besteht aus dehydrierter Eselsmilch und den edlen Porcelana-Kakaobohnen aus Venezuela, gesüßt mit Agavenzucker. Verpackt ist die Kostbarkeit in eine Schachtel aus Olivenholz.

Mittlerweile hat Nadalina ihren Weg nach Österreich, England, Schweden und in die Niederlande angetreten. Wer gerne Schokolade isst, wird in diesem kleinen Laden bestimmt fündig werden.

Adresse Nadalina, Dioklecijanova ulica 6, 21000 Split, www.nadalina.hr | **Anfahrt** Auto in Nähe des Hafens parken, die Hrvojeva ulica 120 Meter nördlich gehen, links in Poljana kraljice Jelene und nach 100 Metern rechts in die Dioklecijanova ulica, der Laden ist auf der rechten Seite | **Öffnungszeiten** Mo–Sa 8.30–20.30 Uhr, So 8.30–20 Uhr | **Tipp** Direkt daneben (mit derselben Hausnummer) ist der Music Shop »Dancing Bear«, der unter anderem ein gutes Angebot an Schallplatten hat. Die Platten sind neu und nicht secondhand (www.dancingbear.hr).

82 Der Trichter

Nicht erschrecken, es ist nur Wasser

Die Marmontova ulica ist eine der schönsten Straßen Splits, benannt nach Napoleons Marschall Marmont. Interessante Läden und mehrere Restaurants gibt es hier, was sie noch attraktiver macht.

Im Nordteil der Flaniermeile sieht man eine ungewöhnliche Kunstform. Die Einheimischen haben sich an den Anblick des Trichters längst gewöhnt, bei den Touristen löst der Anblick regelmäßig Verwunderung, aber auch Interesse aus. Der große Trichter steht in der Mitte der Straße. Hebt man den Blick, sieht man an der Wand eine Faust, die eine Fingerfeige zeigt. In den Daumen ist ein Loch gebohrt, aus dem von Zeit zu Zeit farbiges Wasser entspringt. Manche Leute erschrecken beim Vorbeigehen, wenn plötzlich in hohem Bogen das Wasser in den Trichter läuft.

Das Werk wurde 1998 eingeweiht. Es stammt von dem Spliter Bildhauer Kažimir Hraste, Professor sowohl an der Kunstakademie als auch an der Universität von Split.

In den Jahren seines Bestehens hat der Trichter schon die eine oder andere Unannehmlichkeit erlebt. Anfangs gab es Schwierigkeiten mit der Einstellung des Wasserstrahls. Im Jahr 2007 krachte ein Fahrzeug gegen das Kunstwerk, wobei der Griff weggerissen wurde. Ein zweites Mal fuhr ein Auto 2014 dagegen. Beide Male ging es zur Reparatur in die Kunstgießerei nach Zagreb. Ferner gibt es tatsächlich Leute, die den Trichter als Abfallbehälter nutzen und im Vorbeigehen gedankenlos etwas hineinwerfen. Dann heißt es für die Stadtverwaltung: putzen und entstöpseln.

Die Vorrichtung ist durch einen Apparat so eingestellt, dass bei Wind der Wasserstrahl unterbunden wird, um zu vermeiden, dass unnötig Wasser auf die Straße spritzt – und damit niemand nass wird. Manche Leute zucken kurz zusammen, wenn plötzlich der farbige Strahl losgeht. Dann stehen sie mit ihrem Fotoapparat geduldig da und warten auf den nächsten Wasserstrahl …

Adresse Ecke Marmontova ulica / Ulica kralja Tomislava, 21000 Split | Anfahrt Auto in Nähe des Hafens parken, in nordwestliche Richtung zur Riva (Strandpromenade) gehen, am Ende der Riva rechts in die Marmontova ulica und circa 180 Meter geradeaus | Tipp Das Museum der Stadt Split ist nicht groß, bietet aber einen guten Einblick in die geschichtliche Entwicklung von Split (Muzej grada Splita, Papalićeva 1).

83 Die Universitätsbibliothek

Man wage einen zweiten Blick

Das Gebäude befindet sich am Campus von Split, inmitten verschiedener Institute. An einer Universitätsbibliothek ist zunächst einmal nichts Besonders. Diese jedoch ist aus mehreren Gründen interessant.

Mit dem Bau wurde 2005 begonnen, sechs Architekten waren an dem Konzept beteiligt. Fertiggestellt wurde er 2009. Zum Zweck der Klimaregulierung wurde das Ganze mit Doppelfassade gebaut, als erstes Gebäude in Split. Die Brücke ergibt mit der Bibliothek ein schönes Gesamtbild. Auf den ersten Blick sieht es recht normal aus, ein zweiter Blick offenbart jedoch eine optische Täuschung: Das gesamte Gebäude scheint zu schweben. Auf einer Seite wird die Bibliothek von einer Art Betonblock gestützt, auf der anderen von einem nach unten spitz zulaufenden Pfeil. Doch nicht nur das Äußere ist etwas Besonderes, auch das Innenleben der Bibliothek lohnt einen zweiten Blick. Zu den interessantesten Stücken zählen Manuskripte aus dem 15. Jahrhundert und Architekturzeichnungen aus dem 13. Jahrhundert. Die Sammlung »Dalmatica« umfasst Bücher aus Dalmatien sowie Werke, die Dalmatien zum Thema haben.

Die »Galerija Vasko Lipovac« erstreckt sich über zwei Etagen. Auf der unteren finden sich unterschiedliche Kulturthemen, auf der oberen Etage ist die Dauerausstellung der Werke von Vasko Lipovac (1931–2006). Lipovac' Naive Kunst ist unkonventionell und bunt, häufig in kräftigen Farben geschaffen. Manchmal haben seine Werke etwas Humorvolles. Durch die Darstellung von Sexualität in einigen seiner Arbeiten wirkt seine Kunst mitunter auch ziemlich gewagt. Deshalb sind Kinder nicht unbedingt das geeignete Publikum. Kunst ist eben immer auch Geschmackssache, man findet einen Zugang zu ihr oder nicht.

Das Gebäude wird auch von Nichtstudenten besucht. Wegen seiner Auswahl von 450.000 Medien und wegen der »Galerija Vasko Lipovac«. Es gibt auch ein Café.

Adresse Sveučilišna knjižnica, Ruđera Boškovića 31, 21000 Split, www.svkst.hr | Anfahrt vom Hafen Richtung Osten und auf die Pojišanska ulica fahren, links in Ulica Slobode und nach 300 Metern rechts in Ulica Matice hrvatske, nach 1,5 Kilometern links und auf den Parkplatz fahren | Öffnungszeiten Galerie Vasko Lipovac: Mo – Fr 17 – 20 Uhr | Tipp Falls das Wetter nicht mitspielt, kann man sich die Zeit in der Mall of Split vertreiben. Bei einer Größe von 60.700 Quadratmetern sollte für jeden etwas dabei sein (Ulica Josipa Jovića 93).

84 Das Kruzifix

Mysteriöses Kreuz auf einer außergewöhnlichen Insel

Susak ist aus mehreren Gründen etwas Besonderes. »Sandinsel« wird sie genannt, da meterdicke Sandschichten sich großzügig über Kalkfels legen. Auf der Insel gibt es Bambus, Schilf, Brombeeren und Weintrauben. Mit einer Größe von 3,75 Quadratkilometern ist die Insel eher klein, und es gibt hier weder Autos noch Hotels. Man kann Lebensmittel kaufen, Essen gehen und in Privatunterkünften übernachten. Mit über 680 Häusern und 120 Einwohnern ist die Insel dünn besiedelt und in den Wintermonaten so gut wie verlassen. Dabei lebten um das Jahr 1900 etwa 1.800 Menschen hier.

In Sachen Tracht und Sprache ist Susak speziell: Die traditionelle Kleidung der Frauen ist deutlich kürzer als anderswo in Kroatien, die farbenfrohen Kleider enden über dem Knie. Allerdings werden darunter blickdichte Strumpfhosen getragen. Der besondere Dialekt auf der Insel basiert auf dem Altkroatischen, mit italienischen, deutschen und französischen Einfärbungen.

Der untere und obere Teil des Dorfes sind durch eine Treppe verbunden. Im oberen Teil ist eine weitere Besonderheit Susaks zu finden, »Veli buoh«, auch »Veli križ« genannt. Ersteres ist eine dialektale Variante von »großer Gott«, Zweiteres heißt »großes Kreuz«. In der Crkva sv. Nikole (Kirche des hl. Nikolaus) ist das riesige Kruzifix zu sehen. Es stammt aus dem 12. Jahrhundert. Jesus ist auf dem Kruzifix triumphierend und mit wachem Blick dargestellt, ganz im Gegensatz zu späteren Epochen, in denen der Gottessohn leidend, mit hängendem Kopf gezeigt wird. Veli buoh wurde angeschwemmt und von den Bewohnern zur Kirche gebracht. Vermutlich ereignete sich einst in der Nähe ein Schiffbruch, bei dem das Kreuz ins Meer fiel. Aber wie kam es in die Kirche hinein? Es passt nicht durch die Tür. Groß ist es auf jeden Fall, nämlich über vier Meter hoch und über zwei Meter breit. Außer den Füßen und Händen ist alles noch original erhalten.

Adresse Župna crkva sv. Nikole, Susak 514, 51561 Susak | Anfahrt von Rijeka, Pula, Zadar sowie mehreren Inseln gibt es Verbindungen mit Katamaran nach Susak (Tickets online bei www.jadronlinija.hr oder catamaran-line.hr oder in den Häfen kaufen); in Susak angekommen circa 5 Minuten am Ufer entlanggehen, dann den Weg nach rechts nehmen, bis zum Ende, dann nach links und die Treppe bis ganz nach oben | Öffnungszeiten täglich tagsüber | Tipp An der Seitenwand der Freiwilligen Feuerwehr (beim Sandstrand, neben dem Tourist office) hängt ein Bild, das Susak mit seinem Leuchtturm zeigt. Das Meer ist aus Muscheln und der Himmel aus Steinen. Ein ausdruckstarkes, mediterranes Bild.

85 Die Insel der Frauen

Das kroatische Alcatraz

Die Inseln Sveti Grgur und Goli otok liegen zwischen Krk und Rab. Bekannt wurden sie mitnichten wegen ihrer Schönheit, sondern vielmehr aufgrund des Zwecks, dem sie in der zweiten Hälfte des 20. Jahrhunderts dienten. Auf Goli otok (Nackte Insel) wurden männliche Gefangene inhaftiert. Sveti Grgur (Heiliger Gregor) hieß im Mittelalter Arta. Auf diese Insel wurden die weiblichen Gefangenen gebracht. Das geschah zwischen 1949 bis 1988, die meisten Gefangenen gab es bis circa 1960.

Goli otok ist um einiges bekannter als Sv. Grgur. Das liegt nicht zuletzt an den Zahlen: Auf Goli otok gab es insgesamt mindestens 16.000 Gefangene, auf Sv. Grgur mindestens 800. Wahrscheinlich waren es viele mehr, doch führte die UDBA (Jugoslawischer Geheimdienst) die Verwaltung undurchsichtig und unvollständig. Auf beiden Inseln handelte es sich bei den Insassen um Regimegegner – was Spielraum für Interpretationen und Willkür zuließ. Sveti Grgur und Goli otok wurden zur Errichtung der Straflager gewählt, weil sie nicht bewohnt waren und eine Flucht unwahrscheinlich war. Etwa 500 (registrierte) Menschen kamen zu Tode, doch die absoluten Zahlen dürften höher liegen. Sie wurden ermordet oder zu Tode geprügelt, verübten Selbstmord oder starben an Erschöpfung.

Diejenigen, die überlebten, wurden systematisch gebrochen. Aus allen sechs Republiken Jugoslawiens wurden die Gefangenen hierhergebracht. Am häufigsten vertreten waren Serben (circa 40 Prozent), Montenegriner (circa 21 Prozent) und Kroaten (circa 16 Prozent). Sie mussten bei eisiger Kälte und sengender Hitze schuften.

Sveti Grgur ist knapp 6,7 Quadratkilometer groß. Im nordwestlichen Teil liegen die Ruinen des Straflagers. Die Gebäude dürfen wegen Einsturzgefahr nicht betreten werden. Wenn man hineinspäht, sieht man manchmal eine Fledermaus. Es ist eine schöne, üppige Insel – mit einer brutalen Vergangenheit.

Adresse Sveti Grgur, 51281 Lopar | **Anfahrt** Ausflüge nach Sveti Grgur werden in den Häfen der Inseln Krk (Baška) oder Rab (Lopar) sowie Senj angeboten, von Krk und Rab aus kann man Sveti Grgur auch mit dem Wassertaxi erreichen, in diesem Fall vereinbart man einen Abholtermin! | **Tipp** Auf der Insel gibt es schöne Strände und Buchten, wo man ein paar Stunden zum Baden verweilen kann. Auch wenn das Restaurant Arta das einzige auf der Insel ist, kann man es absolut empfehlen.

86 Die doppelte Brücke

Speziell in puncto Bauart und Standort

Auf der Verbindungsstraße Karlovac–Senj steht die Brücke von Tounj. Sie ist einzigartig in Kroatien, und auch generell gibt es diese Bauform ziemlich selten. Eine »Doppelbrücke« mit vier Skulpturen war zur Zeit der Fertigstellung ein Novum, zumindest in diesem Teil Europas. Ungewöhnlich ist die Brücke auch heute noch: Auf dem Areal gibt es unerforschte Höhlen mit einem großen See, unterirdischen Gängen und spezieller Flora und Fauna.

Anlässlich der Bauarbeiten um die Jozefinska cesta (Josephinenstraße) entstand der untere Teil der Steinbrücke im Jahr 1777. Es wurden vier Skulpturen platziert, die römische Soldaten darstellen. Die Straße wurde 1843 von Josip Kajetan Knežić erneuert, einem kroatischen Offizier und Ingenieur, der in Kroatien interessante und unterschiedliche Bauwerke hinterließ. Während der Straßenerneuerung 1843 wurde der obere Teil der Brücke hinzugefügt. Im gleichen Stil, sodass es nicht auffällt, wenn man es nicht weiß. Sowohl der obere als auch der untere Brückenteil haben je drei bogenförmige Öffnungen. Die Erweiterung geschah nicht aus ästhetischen Gründen, sondern diente dazu, die Straße über den Fluss Tounjčica ebener zu gestalten. Dabei mussten die Skulpturen zeitweise entfernt werden, nach der Fertigstellung der Doppelbrücke wurden sie wieder aufgesetzt.

Während des Zweiten Weltkriegs ist ein Teil der Brücke beschädigt worden. Dabei fielen die Skulpturen in den Fluss. Sie konnten zunächst nicht gefunden werden und blieben lange Zeit verschwunden. 1972 wurde die Brücke restauriert, und im selben Jahr entdeckte man eine der Skulpturen wieder. Die übrigen drei tauchten jedoch erst zwischen den Jahren 1992 und 2010 auf. Seit 2011 stehen sie wieder gemeinsam auf der Brücke, als wären sie nie voneinander getrennt gewesen. Manchmal tragen die Skulpturen rot-weiße Umhänge, das kroatische Schachbrettmuster, welches auch Teil des Wappens ist.

Adresse Tounjski most, 47264 Tounj | **Anfahrt** D 23 führt direkt nach Tounj | **Tipp** Auf dem Gebiet von Josipdol befand sich Metulum, die Hauptstadt der Japoden. Die Römer fielen in die Stadt ein, und Octavian (später Kaiser Augustus) wurde verwundet. Bis jetzt ist der Ort nur historisch interessant, Konkretes gibt es noch nicht zu besichtigen. Bemühungen um ein Museum sind im Aufbau (circa 8 Kilometer auf D 23, kurz nach dem Ortsschild Josipdol führt rechts ein Weg nach oben, gleich darauf kommt links ein Tal, auf dem Hügel dahinter lag Metulum).

87_Die Darwin Atelier Galeria

Eine Künstleroase inmitten der Stadt

Wenn man durch das Eingangstor geht, steht man im Innenhof des Avantgarde-Künstlers Darwin Butković. Schon hier bekommt man einen ersten Eindruck seiner Kunst.

Viele Länder hat er weltweit bereist, und wenn es ihm irgendwo gefällt, bleibt er auch mal länger. In der Provence hat er ein kleines Atelier. »Nicht groß, aber chic«, sagt er lächelnd. Er spricht mehrere Sprachen fließend. Dass er ein gesellschaftskritischer Weltbürger ist, merkt man ihm und seinen Werken durchaus an. Ein kroatischer Journalist schrieb, man könne Butković als Enfant terrible der hiesigen Künstler sehen, der auf die Herausforderungen des Lebens und der Kunst reagiere und stets seine persönliche Beziehung dazu in seinen Werken verarbeite. Die Presse schreibt anerkennend über ihn, sogar die New York Times.

Im Erdgeschoss seines Ateliers steht ein goldfarbenes Schwein. Die Skulptur habe er deshalb angefertigt, erzählt er, weil dies der erste Bewohner dieser Räumlichkeiten war. Hier befand sich vor vielen Jahren ein Schweinestall.

Die Treppen noch oben führen in eine ehemalige Weizenkammer. Hier stehen seine Bilder. Auch einige Selbstporträts sind darunter, Öl auf Holz. Butković lebt ganz in und mit seiner Kunst. Gegenüber seinem Atelier liegen seine Privaträume, und auch hier sind seine Werke präsent. Gerade einmal 19 Jahre alt war Butković, als er die Kunstschule beendete. Daraufhin studierte er Kunst und Kunstgeschichte, was er beides erfolgreich abschloss. Er bekam mehrere Preise und hatte in vielen Ländern zahlreiche Ausstellungen.

Ernsthaft Kunstinteressierte können in Darwin Atelier Galeria fündig werden, denn die meisten seiner Werke stehen zum Verkauf. Viele Menschen haben heute keine Zeit für Kunst, meint er bedauernd. Für Butkovićs Atelier Galeria empfiehlt es sich, etwas Zeit mitzubringen. Es gibt viel zu sehen.

Adresse Darwin Atelier Galeria, Ulica Ivana Padovca 7, 42000 Varaždin, www.darwin-butkovic.com | **Anfahrt** im Zentrum / Stari grad (Altstadt) von Varaždin | **Öffnungszeiten** keine festen Zeiten, tagsüber steht das Tor für Interessierte offen, Voranmeldung möglich unter darwinbutkovic1@gmail.com | **Tipp** Aus Darwins Atelier kommend, geht man nach links bis zur nächsten Ecke. Dort befindet sich Trg tradicijskih obrta (Platz des traditionellen Gewerbes) mit Textilwaren, Hüten, Töpfen und Honigprodukten. Wer nicht sicher ist, ob ihm Medena Rakija (Honigschnaps) schmeckt, darf probieren.

88 Die Grgur Ninski-Statue

Der »kleine Bruder« vom Koloss in Split

Es gibt drei Statuen von Grgur Ninski (Gregor von Nin). Sie stehen in Split, Varaždin und Nin. Sie alle wurden von dem Bildhauer Ivan Meštrović (1883–1962) geschaffen. Dabei ließ er seiner Phantasie freien Lauf, denn man weiß kaum etwas über Grgur Ninski. Der Zeh an den Statuen ist hellgerieben, weil es angeblich Glück bringt. Die Touristen reiben zwar Ninskis Zeh, doch wissen viele gar nicht so recht, was es mit ihm auf sich hat.

An der Seite des ersten kroatischen Königs (Tomislav) soll er dafür gekämpft haben, dass Gottesdienste auf Kroatisch gehalten und Kirchenbücher in Kroatisch verfasst werden – in der Glagoljica, der altslawischen Schrift. Ninski war von circa 900 bis 929 Bischof von Nin, damals Königssitz. Dalmatien befand sich inmitten politischer Spielchen. Als Zentrum von Dalmatien wurde Split betrachtet, über das Konstantinopel und damit das Byzantinische Reich waltete, während Nins Bistum zu Rom gehörte. Rom liebäugelte damit, ganz Dalmatien zu übernehmen, welches sich auch tatsächlich mehr zum westlichen Rom hingezogen fühlte – doch nur unter der Bedingung der eigenen Schrift und Sprache, forderte Ninski. Es wurden zwei Synoden in Split abgehalten, bei der über die Frage der Sprache entschieden werden sollte. Doch Ninski konnte gar nicht gewinnen, hatte er doch durch seine Beschwerde beim Papst wegen des ersten Urteils Respektlosigkeit gezeigt. Kroatisch und die Glagoljica wurden verboten und das Bistum in Nin aufgelöst.

War Grgur Ninski wirklich ein patriotischer Vorkämpfer oder stand bei seinem leidenschaftlichen Engagement sein Ehrgeiz im Vordergrund? Hat sich das wirklich so zugetragen oder wollte Ninski nur seinen Status sichern? Darüber gibt es unterschiedliche Meinungen. Die Statue wurde 1929 zunächst in Split aufgestellt, aber dort wollte man ein größeres Denkmal. So ging sie zwei Jahre später nach Varaždin.

Adresse Franjevački trg (zwischen der Kirche Svetog Ivana Krstitelja und dem Palast Herzer), 42000 Varaždin | **Anfahrt** im Zentrum von Varaždin das Auto abstellen, Parkmöglichkeiten sind vorhanden, Richtung Altstadt (Stari grad) gehen, von hier aus über Uršulinska ulica gehen und nach 250 Metern links auf Franjevački trg, noch 20 Meter geradeaus | **Tipp** »Julian's Garden« ist eine zauberhafte Unterkunft, die sogar als schönste Privatunterkunft ausgezeichnet wurde. Der Innenhof wird mit viel Liebe zum Detail gepflegt. Der Besitzer spricht Englisch und Deutsch (Ulica Strahimira Kranjčevića 8, Tel. +385/916001024, julianapartment@gmail.com).

89 Der harmonische Friedhof

Fleiß, Enthusiasmus – und eine Vision

Nachdem Kaiserin Maria Theresia das Verbot aussprach, die Toten innerhalb der Stadtgrenze zu beerdigen, entstand dieser Friedhof im Jahr 1773. Sein heutiges Aussehen verdankt er Hermann Haller.

Er wurde 1875 in Varaždin geboren. Sein Vater Josip Matušina war ein Wirt und Aufseher des Friedhofs. Später wurde der junge Hermann vom Steinmetz Stjepan Haller adoptiert, der sich ebenfalls um den Friedhof kümmerte. Haller absolvierte eine Schneiderlehre und reiste danach durch Europa.

Als Nachfolger seines Adoptivvaters übernahm er 1905 die Pflege des Friedhofs und war 41 Jahre lang tätig. In dieser Zeit pflanzte er etwa 7.000 Bäume, unter anderem Thujen, Zypressen, Eschen, Ahorne, Magnolien und Birken. Auf seinen Reisen hatten ihn die Gärten in Wien und Versailles inspiriert, was man an der Form der Thujen erkennen kann, die Haller beschnitten hat. Heute stehen auf dem Friedhof über 10.000 Thujen.

Hermann Haller hat, nach eigener Aussage, über hundert Friedhöfe untersucht. Sein Missfallen darüber, dass sie sich alle glichen, weckte in ihm die Motivation, den Friedhof in Varaždin grundlegend umzugestalten. Was ihm ebenso missfiel, war die bittere und mystische Friedhofsatmosphäre, wie er es ausdrückte. Er legte viel Wert darauf, dass dieser Friedhof eine angenehme Atmosphäre ausstrahlte. Er achtete dabei auf jedes Detail, damit sich ein perfektes Gesamtbild ergab. Ein weiteres Anliegen Hallers bestand darin, dass alle Gräber gleich gehegt und gepflegt werden sollten. Klassenunterschiede sieht man auf dem Friedhof freilich dennoch, was kaum zu vermeiden ist. Die Grabsteine stammen teilweise von renommierten kroatischen Bildhauern. Trotzdem findet man hier zwar die Gräber der Adligen oder Generäle, aber auch Ruhestätten namenloser Ritter. Erkennbar sind sie am Grabstein, auf dem eine Ritterausrüstung dargestellt ist.

Adresse Varaždinsko groblje, Hallerova aleja bb, 42000 Varaždin | **Anfahrt** von der Stanka Vraza in der Altstadt in die Seitenstraße Hellerova aleja fahren, 500 Meter geradeaus in westliche Richtung, der Friedhof liegt hinter der Kreuzung auf der linken Seite; schräg gegenüber dem Eingang ist ein Parkplatz | **Öffnungszeiten** Jan.–Feb., Nov.–Dez. täglich 7–17 Uhr, März–April, Okt. 7–20 Uhr, Mai–Sept. 7–21 Uhr | **Tipp** Wenn man übers Wochenende in Varaždin ist, sollte man nicht die Wachablösung versäumen. Seit 1750 hält man an dieser Tradition fest. Die Ablösung findet samstags vom 15. Mai–15. Okt. zwischen 11 und 12 Uhr statt (vor dem Rathaus, Trg kralja Tomislava).

90 Das Palais Sermage

Ein braun-orangefarbenes Prachtstück

Wenn Dubrovnik die »Perle der Adria« ist, dann dürfte Varaždin die Perle des Nordens sein. Die Barockstadt ist außerhalb Kroatiens etwas in Vergessenheit geraten. Hier residierten einst Adlige und renommierte Künstler. Den Glanz jener Zeit spürt man in der zauberhaften Stadt noch heute. Ein Flair von Romantik umgibt Varaždin – nicht zuletzt wegen seiner Architektur, den zahlreichen Kirchen und Schlössern in und außerhalb der Stadt. Die Einwohner haben eine entspannte Mentalität. Kein Wunder, denn sie leben in der Stadt mit der höchsten Lebensqualität im Land. Erstmals 1181 erwähnt und ab 1209 freie Königsstadt, war sie von 1756 bis 1776 Hauptstadt Kroatiens.

Noch 1924 war Varaždin als Reiseziel beliebt, so war bei der Uraufführung der Operette »Gräfin Mariza« zu hören: »Komm mit nach Varaždin, solange noch die Rosen blüh'n. Dort woll'n wir glücklich sein, wir beide ganz allein.«

Ein Beispiel der Architektur jener Zeit ist das Palais Sermage. Es ist eines der ältesten Gebäude in Varaždin, was auch daran liegt, dass der verheerende Brand von 1776 viele Häuser zerstört hat. Im 17. Jahrhundert erbaut, kaufte Baron Prassinzky das Palais in den 1680er Jahren einer Familie namens Trupaj ab. Prassinzkys Enkelin heiratete in die französische Adelsfamilie Sermage ein. Nach ihrem Tod ging der Besitz auf ihren Gatten über, und das Palais behielt bis heute seinen Namen. Die Fassade wurde 1759 im Stil des Rokokos gestaltet. Ende des 18. Jahrhunderts wurde das Palais von der Familie Sermage verkauft, da sie aus Varaždin wegzog. In den folgenden Jahrzehnten wechselte es mehrmals den Besitzer.

Seit 1947 ist das Palais Teil des Stadtmuseums, in dem eine Galerie klassischer und zeitgenössischer Künstler untergebracht ist. Vor dem Gebäude ist ein großer Platz mit einem Café, wo man bei schönem Wetter draußen sitzen kann.

Adresse Palais Sermage, Trg Miljenka Stančića 3, 42000 Varaždin, www.gmv.hr | **Anfahrt** Parkplätze sind in der Nähe des Zentrums vorhanden, Richtung Stari grad (Altstadt) gehen | **Öffnungszeiten** April–Sept. Di–So 10–18 Uhr, Okt.–März Di–Fr 10–17 Uhr sowie Sa, So 10–13 Uhr, an Feiertagen geschlossen | **Tipp** Neben dem Palais befindet sich das Engelsmuseum. Engel aus vielen Ländern, in unterschiedlichen Formen, Materialien und Farben – samt Hintergrundgeschichten (Kranjčevićeva 14, geöffnet Mo–Fr 10–13 und 17–20 Uhr, Sa 10–14 Uhr).

91 Die Holzkapelle

Volkstümliche Architektur der Barockzeit

Der Anblick ist zunächst einmal ungewohnt. Das Gotteshaus in Velika Mlaka wurde aus Holz errichtet und hat dadurch etwas Rustikales. Gleichzeitig strahlt es aber auch Freundlichkeit und Behaglichkeit aus, lädt geradezu ein näherzutreten. Sicher, Holz wirkt grundsätzlich einladender als Beton. Die Kombination von Schlichtheit und Kreativität tut ihr Übriges, was die Holzkapelle zusätzlich speziell macht. In dem Gebiet zwischen Turopolje und dem Süden Zagrebs gab es früher viele solcher Holzkirchen. Für sie wurde der Begriff »Turopoljske crkve« (Kirchen von Turopolje) geprägt. Ihre Bauweise war immer ähnlich, über der Vorhalle erhob sich ein Turm, und die Böden bestanden entweder ebenfalls aus Holz oder aus Ziegeln. Die üppigen Wälder der Gegend lieferten genug Rohstoff, weshalb man Holz nicht nur für Möbel, Gegenstände und Häuser verwendete, sondern eben auch für Kirchen. Erfahrene Zimmermänner schufen diese Kunstwerke. So entstand eine Art volkstümliche Architektur der Barockzeit.

Die Kapelle der heiligen Barbara gilt als die hübscheste, zumal sie sich auch in gutem Zustand befindet, wenn man bedenkt, dass sie aus dem Jahr 1642 datiert. Seitdem wurde mehrmals etwas angebaut. Ihr heutiges Aussehen erhielt sie in den 1860er Jahren. In dieser Zeit wurde die Kapelle um den Glockenturm ergänzt, der 1972 über mehrere Jahre restauriert wurde. Die kleinere Kirchenglocke stammt aus dem Jahr 1642 und ist genauso alt wie die Kapelle. Der Altar stammt ebenfalls aus dem 17. Jahrhundert. Ihn schmückt das Bild der heiligen Barbara, der Künstler dieses Werkes ist unbekannt. Die beeindruckenden Verzierungen und Malereien der Kapelle zeigen neben Bibelmotiven auch Blumen. Sie wurden Anfang des 18. Jahrhunderts gefertigt.

An der Kirche befindet sich die Sakristei, daneben steht ein kleines Holzhäuschen, das den Kirchenleuten früher als Weizenkammer diente.

Adresse Kapela Sv. Barbare, Školska ulica 33, 10408 Velika Mlaka | Anfahrt aus Zagreb in südliche Richtung hinausfahren und auf die D 30 (Avenija Većeslava Holjevca), nach dem Verkehrsknoten (beim Toyota Center) links abbiegen, nach 200 Metern rechts in Nadinska ulica und nach 2 Kilometern links in Školska ulica abbiegen, am Straßenende rechts | Öffnungszeiten Messen So 8 und 11 Uhr, ansonsten anrufen, um den Schlüssel zu beschaffen, Tel. +385/16234772 | Tipp Wer den Weg nach Zagreb zurücknimmt, sollte den Park Bundek besuchen, der südlich von Zagreb liegt.

92 Das Gymnasium

Eine Schule mit turbulenter Geschichte

Über dem Eingang steht »Gymnasium«, obwohl es hierzulande Gimnazija heißt. Doch stammt die Aufschrift aus vergangenen Zeiten, und man hat sie beibehalten, warum auch nicht.

Kaiserin Maria Theresia ließ 1766 ein Gymnasium in Petrovaradin (Novi Sad, Vojvodina, damals unter der Herrschaft der Habsburger) bauen. Dieses wurde 1779 nach Vinkovci verlegt. Um das Jahr 1800 gab es etwa 30 Schüler und nur wenige Lehrer, heute sind es circa 700 Schüler und über 40 Lehrkräfte.

Der Unterricht fand auf Latein statt, und erst Mitte des 19. Jahrhunderts gab es ein (!) Fach in kroatischer Sprache. Wenige Jahre später wurden dann auch Religion und Geschichte auf Kroatisch unterrichtet, sonst löste Deutsch als Unterrichtssprache das bisherige Latein ab. Kaiser Franz Joseph I. entschied 1868 schließlich, dass Deutsch und Kroatisch gleichberechtigt nebeneinander angewendet werden sollten. Erstmals wurde 1876 das Abitur in Kroatisch abgelegt.

Etwa zur selben Zeit wurde die Schule zu klein, deshalb ließ man eine größere bauen. An derselben Stelle entstand 1879 das heutige Gebäude. Im Ersten Weltkrieg diente es anderthalb Jahre lang als Lazarett. Im Zweiten Weltkrieg brachten die Deutschen hier ebenfalls Verwundete unter. Während dieser Zeit wurden Gebäude und Inventar stark beschädigt. Der Wiederaufbau dauerte Jahre, danach bekämpften die Sozialisten das »elitäre Schulsystem«, und so wurde das Gebäude erst in den 1990er Jahren wieder zu einem Gymnasium. Doch schon kurz darauf, während des Heimatkriegs (1991–1995), wurde es wiederholt stark beschädigt.

Wie so viele Institutionen in Kroatien musste auch dieses Gymnasium im Laufe seiner Geschichte mehrfach den Namen wechseln, je nach politischer Lage. Heute gibt es einen Schüleraustausch mit einer deutschen Partnerschule, und im Fach Deutsch werden die Schüler teilweise auch von Lehrern aus Deutschland unterrichtet.

Adresse Gimnazija Matije Antuna Reljkovića, Trg bana Josipa Šokčevića 1, 32100 Vinkovci | **Anfahrt** Richtung Norden über die Brücke des Flusses Bosut fahren (Ulica Hansa Dietricha Genschera), 2. Straße rechts abbiegen und Parkplatz suchen, von der Ulica Bana Josipa Jelačića auf Trg bana Josipa Šokčevića 120 Meter in nordöstliche Richtung gehen, die Flaniermeile überqueren | **Tipp** In der Manufaktura bar gibt es klassische und selbst kreierte Cocktails auf Basis kroatischer Weine. Sehr nettes Lokal, mit außergewöhnlichem Getränkeangebot (Ulica kralja Zvonimira 8, vom Gymnasium 70 Meter in nördliche Richtung).

93__Die Sonnenblumenfelder

Für die Slawonier alltäglich, für die Besucher romantisch

Wer als Gast nach Slawonien kommt, empfindet es als idyllisch, stundenlang zwischen Sonnenblumenfeldern hindurchzufahren. Auf der Strecke Vinkovci–Vukovar zum Beispiel sieht man auch Plantagen mit Äpfeln, Zuckerrüben oder Weizenfelder. Die Bewohner dieser Region sind mit den Sonnenblumenfeldern groß geworden. Sie haben sich über viele Generationen daran sattgesehen, zumal der Anbau für sie harte Arbeit bedeutet.

Die Regionen Slawonien und Baranja haben eine lange Geschichte der Landwirtschaft. Das weite Flachland und die fruchtbare Erde versorgten über 200 Jahre lang die umliegenden Regionen und Nachbarländer mit ihren Erträgen. Es war die Kornkammer des Landes und darüber hinaus. Viele Slawonier sind durch die Landwirtschaft zu Wohlstand gekommen. Heute bieten die Supermarktketten ein üppiges Angebot an importierter Ware, und die Landwirte können kaum noch ihre Kosten decken, geschweige denn bequem davon leben. Mit Trockenperioden müssen Landwirte leben, aber hier fühlen sie sich von der Politik allein gelassen. Slawonien ist die Region mit der höchsten Auswanderungsrate. Nicht alle gehen ins Ausland, viele ziehen auch an die Küste, um im Tourismus zu jobben. Der Maisanbau ist immer noch einigermaßen rentabel. Einige Slawonier bauen nebenbei exotische Früchte an, denn Goji-Beeren, Physalis, Hornmelonen oder auch Soja und Süßkartoffeln bringen ein Vielfaches mehr.

Die Sonnenblumen werden wohl trotz alldem noch eine ganze Weile die Straßen zieren, denn Sonnenblumenöl wird so schnell nicht aus dem Sortiment der Supermärkte verschwinden.

Slawonien liegt fernab der Strände, im Osten des Landes. Dabei hat diese Region an der Donau, Drau und Save sich viel authentischen Charme bewahrt. Es ist das weite Land der Plantagen, Pferde und der freundlichen Pflanzen, der Sonnenblumen, die sich scheinbar endlos aneinanderreihen.

Adresse Ulica Hansa Dietricha Genschera, 32100 Vinkovci | Anfahrt aus südwestlicher Richtung nach Vinkovci, Felder zwischen Rokovci und Vinkovci, bevor man in die Stadt hineinfährt | Tipp In derselben Straße ist das Hotel Villa Lenije, welches bei einem längeren Aufenthalt in Vinkovci sehr zu empfehlen ist, ebenso wie das Restaurant (Ulica Hansa Dietricha Genschera 3, www.hotelvillalenije.com).

94__Die Storchennester

Wo das Lieblingstier der Slawonier sein Nest baut

Die Slawonier lieben ihre Störche. Sie freuen sich, wenn sie im März von ihrer langen Reise zurückkommen, und werden wehmütig, wenn sie sich Ende August wieder auf den Weg nach Südafrika machen. Die Tiere liegen ihnen wahrlich am Herzen, weil sie hier schon immer zu Hause sind. Auf das Töten eines Storchs steht eine Strafe von umgerechnet 2.000 Euro.

Die Bewohner kennen ihre Störche genau, weil sie immer ins selbe Nest fliegen. Manche bekommen auch Namen von ihnen. So wie Klepetan und Malena aus Brodski Varoš (80 Kilometer von Vinkovci entfernt). Die Menschen machten sich 2017 Sorgen, dass Klepetan auf seiner Heimreise etwas passiert sein könnte. Seine Malena war traurig und hielt unermüdlich Ausschau nach ihrem Partner. Wegen eines ehemals gebrochenen Flügels musste Malena hier überwintern. Seit 1992 sind die beiden ein treues Pärchen, das bis jetzt gemeinsam über 50 Junge bekommen hat. Klepetan und Malena sind für viele schlichtweg das Symbol wahrer Liebe. Doch Klepetan wird langsam älter und brauchte für den 13.000 Kilometer langen Heimflug ein paar Tage länger als früher. Aber nun dauerte seine Heimreise doch zu lange. Als er Ende März endlich auf das Liebesnest zuflog, fing seine Malena vor Freude an zu klappern. Die Menschen in Slawonien waren glücklich und atmeten erleichtert auf. Sogar die Medien verfolgten das Thema und berichteten schließlich über den guten Ausgang.

Wie tierlieb die Kroaten sind, merkt man auch daran, dass es mehrere Refugien gibt, wie zum Beispiel in Kuterevo für Bären, und nicht zu vergessen in Čigoć (Mittelkroatien), im Naturpark Lonjsko polje, wo mehr Störche als Menschen leben.

Wenn man durch die Straßen von Vinkovci geht, kann man die Störche zwischen März und August überall sehen. Alles, was man tun muss, um sie zu finden, ist den Kopf zu heben. Es dauert nicht lange, bis man sie auf einem der Schornsteine entdeckt.

Adresse 32100 Vinkovci | **Anfahrt** aus westlicher Richtung auf der D 46 nach Vinkovci | **Tipp** Im Park Lenije befindet sich ein Vergnügungspark für Kinder (die Brücke über den Bosut, auf der Ulica Hansa Dietricha Genschera, in südliche Richtung hinausfahren, nach 200 Metern rechts abbiegen).

95__Der alte Wasserturm

Im Schatten des Großen

Zu Anfang des 20. Jahrhunderts entstanden Pläne für die Errichtung dieses Wasserturms in Vukovar, die Umsetzung der Pläne zog sich jedoch mehrere Jahre hin. Die Freiwillige Feuerwehr der Stadt beteuerte nachdrücklich die Notwendigkeit eines solchen Baus für den Fall eines Großbrands. Als der Wasserturm dann 1913 errichtet war, wirkte er mit seinen 19 Metern auf dem damaligen Marktplatz, inmitten der eingeschossigen Häuser, ziemlich imposant. Konzipiert hat ihn der Ingenieur Fran Funtak. Funtak hatte Brücken entworfen, bevor er von der Stadt Vinkovci mit dem Bau eines Wasserturms beauftragt wurde. Danach kam er nach Vukovar. All diese Projekte liefen über die Firma Banheyer, bei der Funtak beschäftigt war.

Das gespeicherte Wasser verwendete man auch zur Straßenreinigung. Der Wasserturm verfügte über einen ausgebohrten Brunnen und einen unterirdischen Wasserspeicher. Da er zu viel Energie verbrauchte und Sicherheitsmängel aufwies, wurde Ende der 1960er Jahre ein neuer Wasserturm gebaut, 50 Meter hoch. Mit einer Kapazität von über zwei Millionen Litern konnte ihm der kleine mit seinen 50.000 Litern Fassungsvermögen nicht »das Wasser reichen«.

Während des Krieges (1991–1995) beschädigten serbische Truppen beide Türme. Der neue Wasserturm wurde mit über 600 Einschusslöchern zum Symbol des Krieges in Kroatien. Die Sanierungsarbeiten sollen voraussichtlich 2019 fertiggestellt werden, jedoch wird er seine ursprüngliche Funktion nicht mehr ausführen. Geplant sind im oberen Teil ein Restaurant und eine Aussichtsplattform.

Der alte, kleinere Wasserturm war bis in die 1940er Jahre in Betrieb. Auch wenn er seinen Zweck längst nicht mehr erfüllt, wurde er 2010 saniert. Heute wirkt er inmitten der Hochbauten beinahe etwas verloren. Trotzdem hat er sich sein Plätzchen sichern können, inmitten der Stadt und direkt an der Donau.

Adresse Stari vodotoranj, beim Hotel Dunav, Trg Republike Hrvatske 1, 32000 Vukovar | **Anfahrt** auf D 2 nach Vukovar hineinfahren und im Zentrum parken (zur Orientierung: Richtung Ulica Kardinala Alojzija Stepinca oder Frankopanska ulica), über die Brücke Jean-Michel Nicolier in südliche Richtung gehen, links, noch circa 50 Meter | **Tipp** Man sollte Vukovar nicht verlassen, ohne das Schloss Eltz besucht zu haben, in dem das Stadtmuseum zu finden ist (Županijska ulica 2, vom Wasserturm Richtung Westen).

96 Das Grand Hotel

Für lange Zeit war es das Haus der Arbeiter

Das barocke Zentrum Vukovars ist auf jeden Fall einen längeren Spaziergang wert. Hier steht auch die Brücke Jean-Michel Nicolier, welche die Regionen Slawonien und Srijem verbindet. Wenn man hinübergeht, wird man in der jeweiligen Region willkommen geheißen. Nun, wo genau sich die Grenze befindet, darüber sind sich auch Experten nicht ganz einig. In Vukovar hat man eben die Dinge selbst in die Hand genommen. Außerdem ist es eine witzige Idee.

Die Brücke ist nach einem Franzosen benannt, der als Freiwilliger im Krieg auf kroatischer Seite kämpfte und in Vukovar jung sein Leben verlor. Kaum hat man die Brücke passiert, steht man vor dem Gebäude des Grand Hotels oder Radnički dom (Haus der Arbeiter). Es wird unter beiden Namen geführt, wobei Grand Hotel die geläufigere Bezeichnung ist. Mit dem Bau wurde 1895 begonnen, und innerhalb von zwei Jahren war das Projekt abgeschlossen. Aleksa Paunović ließ es bauen, ein Großgrundbesitzer und Nachkomme der reichen und angesehenen Familie Paunović, die über große Flächen Land und viele Immobilien in Vukovar verfügte.

Im Hotel gab es unter anderem einen Theatersaal und ein Kaffeehaus. 1918 wurde das Grand Hotel an einen Mann namens Mišo Gottfried verkauft, der es schon ein Jahr danach erneut zum Verkauf anbot. Die Arbeiterbewegung engagierte sich, veräußerte Genossenschaftsanteile und erwarb mit diesen Geldern das Grand Hotel. Sie machten daraus das Haus der Arbeiter. Im Jahr 1920 fand hier der zweite Kongress der Kommunistischen Partei Jugoslawiens statt. Im Krieg (1991–1995) wurde das Gebäude so stark beschädigt, dass nur noch die Außenwände erhalten blieben. Mit finanzieller Unterstützung der EU konnte es im April 2013 wieder im alten Glanz erstrahlen, zumindest von außen. Es bedarf nun großer Summen, um es auch innen restaurieren und herrichten zu lassen.

Adresse Ulica dr. Franje Tuđmana, 32000 Vukovar | **Anfahrt** auf D 2 nach Vukovar hineinfahren und im Zentrum parken (zur Orientierung: Richtung Ulica Kardinala Alojzija Stepinca oder Frankopanska ulica), über die Brücke Jean-Michel Nicolier in südliche Richtung gehen, kurz nach der Brücke, auf der rechten Seite, das große gelbe Gebäude | **Tipp** Wer auf der Suche nach einem ordentlichen Hostel ist, findet im 101 Dalmatinac eine gute Unterkunft. Das Hostel ist leicht zu finden – ein weißes Haus mit schwarzen Flecken (Ulica Europske Unije 11, vom Grand Hotel die Straße in südliche Richtung gehen und dann rechts in Zmajeva ulica abbiegen).

97_Die Carska fontana

Etwas versteckt, aber dennoch mondän

Die Kaiserfontäne liegt ein Stück fernab der Altstadt. Die Halbinsel mit ihren Sehenswürdigkeiten verlassen oft nur diejenigen in südöstlicher Richtung, die in den dortigen Hotels untergebracht sind. Deshalb entdecken viele die Carska fontana eher zufällig. Wer von der Altstadt auf der Spaziermeile Kolovara am Ufer entlanggeht, erreicht sie nach wenigen Metern. Der Stadtteil Arbanasi, in dem man die Carska fontana findet, ist nach der ethnischen Minderheit benannt, die 1726 vom Gebiet des Skutarisees vor den Türken flüchtete und sich hier ansiedelte.

Von der Straße ist fast nur die Kuppel über der Fontäne zu sehen. Erbaut wurde sie 1546, zur Zeit der Renaissance. Sie diente zur Wasserversorgung der Schiffe und der Bewohner von Zadar. Möglicherweise sollte sie aber zunächst nur die Schiffe versorgen, da sie ein Kapitän namens Agostino Canal erbauen ließ. Der Standort war perfekt, da sich hier eine Wasserquelle befand: Durch Arbanasi führte eine Wasserleitung, die noch aus der Zeit der Römer stammte. Bis heute stößt man in Zadar bei Straßenarbeiten auf diese 2.000 Jahre alten Wasserleitungen.

Der Brunnen im Inneren des Kuppelbaus ist achteckig, die Ecken sind uneinheitlich miteinander verbunden. Besonders attraktiv macht die Carska fontana ihre runde Form mit den hohen, schmalen Bögen, die zum Meer hin ausgerichtet sind. Der Bau hat einen Durchmesser von 8,80 Metern und ist 7,95 Meter hoch. Eine intensive Restaurierung fand im 18. Jahrhundert statt. Zur selben Zeit wurde der Steinsteg für die Schiffe und Boote gelegt. Er führt direkt zur Fontäne, womit das Ganze wie aus einem Guss wirkt. Sie hat hiesige Dichter inspiriert, ist aber auch für Maler und Fotografen ein beliebtes Motiv. Sie diente auch schon als Kulisse für Musikkünstler. Besonders romantisch wirkt die Kaiserfontäne natürlich abends, wenn sie erleuchtet ist.

Adresse Carska fontana, Karma ulica, 23000 Zadar | **Anfahrt** vom Park Vladimira Nazora (südlich der Meeresorgel) 1 Kilometer Richtung Südosten gehen, am Ufer entlang, wenn die Kolovare ulica in Karma ulica übergeht noch 100 Meter geradeaus, auf der rechten Seite | **Tipp** Etwa 2,5 Kilometer nordöstlich der Fontäne findet man die Halle Krešimira Ćosića, die wie eine einzige Kuppel wirkt. Hier finden Sportereignisse, Konzerte und Messen statt (www.visnjik.hr, Website bisher nur auf Kroatisch, Splitska ulica 38).

98_Der Drei-Brunnen-Platz

Ein Stück alter Geschichte auf einem kleinen Platz

Auf dem kleinen Drei-Brunnen-Platz, wie »Trg tri bunara« übersetzt heißt, lässt sich so manches entdecken. Da wäre zum Beispiel das Naheliegendste: die drei Brunnen. Seit 1570 stehen sie hier, von den Venezianern erbaut, die damals über die kroatische Küste herrschten. Bereits im 13. Jahrhundert, bevor die Venezianer die Macht über das Gebiet erlangten, entstanden ein Kastell und ein Kastellgraben. Das Kastell diente zum Schutz vor den Toren Zadars und als Aussichtspunkt auf den Hafen. Die Osmanen belagerten damals immer mehr Territorium, was sowohl den Kroaten als auch den Venezianern zu schaffen machte. Deshalb ließen die Venezianer weitere Festungen in dem Gebiet erbauen. Die Brunnen entstanden, um größere Wasservorräte anzulegen, und an verschiedenen Stellen wurde das Regenwasser aufgefangen und floss in den Brunnen.

Unter der Hausnummer 4 befindet sich die Konoba Bonaca. Das familiengeführte Lokal bietet rustikalen Charme mit Außenplätzen, leckerem Essen und gutem Wein. Täglich von 11 bis 23.30 Uhr hat man die Wahl zwischen Teiggerichten, Fisch, Fleisch, Risotto und Vegetarischem.

Geht man den Trg tri bunara weiter, sieht man am Ende des Platzes das Kastell. Hier gibt es ein gleichnamiges Restaurant (Kaštel), das Teil des Hotels Bastion ist (Eingang Ulica Bademi zadarskih pobuna 13.) Das Speisenangebot und die Preise sind gehobener, in nüchtern-elegantem Ambiente. Geöffnet ist von 12 bis 23 Uhr.

Zu guter Letzt ist noch das Arsenal zu nennen, eine Art Kulturhaus. Das Gebäude stammt aus dem 16. Jahrhundert und war ehemals eine Hafenlagerhalle. Hier kann man seit 2005 Konzerte besuchen, aber auch Ausstellungen, Messen, Festivals und andere Events. Das Gebäude hat zwar die Adresse Tri bunara 1, steht aber auf der anderen Straßenseite, besser zu finden unter Ecke Trg tri bunara / Ulica Lančana vrata.

Adresse Trg tri bunara, 23000 Zadar, www.arsenalzadar.com | **Anfahrt** zu Fuß von der Meeresorgel aus auf Istarska obala, rechts auf Ulica Ivana Danila, links in Ulica Božidara Petranovića bis Trg tri bunara, auf der rechten Seite | **Tipp** Vor der Universität von Zadar kann man auf Uferpollern sitzen und aufs Meer hinausblicken (Richtung Südwesten, bis man auf den südlichen Teil der Straße Obala kralja Petra Krešimira IV. kommt).

99 Die Federklinik

Wo der Füller wieder aufgepäppelt wird

Es war einmal … eine Zeit, da gab es allein in Zagreb 24 Federkliniken. Heute ist diese jedoch die einzige in Kroatien – und möglicherweise auch in Europa –, zumindest in dieser Form, konstant in Standort und Philosophie.

Angefangen hat alles 1941, erzählt Vlasta Keranović, eine ältere Dame, die ihre Arbeit, das Reparieren von Füllfederhaltern, mit Leidenschaft ausübt. Dass man damit in der heutigen Zeit kein Vermögen aufbaut, liegt auf der Hand. Ihr Schwiegervater gründete das Geschäft, später übernahm es der Sohn. Frau Keranović' Gatte kreierte sogar spezielles Werkzeug zur Reparatur der Füllfederhalter. Ihr Sohn unterstützt die Mutter gelegentlich gern, aber als Akademiker hatte er nun einmal andere Pläne, als die kleine Federklinik weiterzuführen.

Egal ob Montblanc oder andere Marken, viele von ihnen können repariert werden, sofern es eine Marke ist, deren Teile noch lieferbar sind. Von Pelikan hält Vlasta Keranović viel. »Ein Pelikan hält ewig«, sagt sie anerkennend. Sehr viele Pelikan-Füller haben sie und ihr verstorbener Mann in all den Jahren repariert.

In Zagreb wurde der Füller mit fester Tinte erfunden, von Slavoljub Eduard Penkala. Er meldete ganze 80 Patente an, doch bekannt wurde er durch die Erfindungen des mechanischen Stifts und des Füllers mit fester Tinte. Im Jahr 1906 kam der Kugelschreiber hinzu. Das englische Wort »pen« für Stift geht auf Penkala zurück.

Wer seinen Füller in die Federklinik zur Reparatur bringt, muss mit einer Wartezeit von zwei bis drei Tagen rechnen. Die Kunden, die in Frau Keranović Laden kommen, sind oftmals Füller-Liebhaber und schreiben mit nichts anderem. Andere wiederum haben das gute Stück geerbt oder von älteren Verwandten geschenkt bekommen. Leider schreiben heute nur noch wenige mit der Hand, bedauert die Chefin der Federklinik. Dabei habe das Schreiben mit einem Füller etwas sehr Stilvolles.

Adresse Peroklinika, Trg bana Josipa Jelačića 15 (Innenhof), 10000 Zagreb, Tel. +385/14818026, www.zagrebcrafts.hr/peroklinika | **ÖPNV** Tramlinien 1, 6, 11, 12, 14, 17, Station Trg bana Josipa Jelačića, der Laden befindet sich direkt am Hauptplatz | **Öffnungszeiten** Mo–Fr 9–15 Uhr, Sa 9–13 Uhr | **Tipp** Für Freunde skurriler Museen: Ganz in der Nähe ist ein Pilzmuseum (Splavnica ulica 2, von der Federklinik 100 Meter in westliche Richtung).

100 Die Filmkulisse

Zagreb war schon St. Petersburg und Warschau

Kamenita vrata (Das Steintor) gehört sicherlich zu den Hauptattraktionen Zagrebs. Doch soll an dieser Stelle nicht der historische Aspekt thematisiert werden, sondern das Steintor als Filmkulisse. Kroatien diente schon oft als Drehort, wobei zwei Produktionen sicher am bekanntesten sind: »Game of Thrones« mit Dubrovnik als Kulisse und »Winnetou«, dessen Fans bis heute kommen und die Orte besuchen. Es gibt noch andere Filmschauplätze in Kroatien, zum Beispiel in Istrien. Manchmal spielen die Städte auch eine völlig andere Stadt. Rijeka stellte schon einmal Paris dar, im Film »In 80 Tagen um die Welt« (1989) mit Pierce Brosnan. Dafür wurde auf dem Korzo gedreht, vor dem Gebäude von Radio Rijeka. Zagreb diente schon mehrfach als Kulisse für andere Städte. Für »Anatevka« (1971) tat man am Katarinin Trg so, als wäre man in St. Petersburg. Der Katarinin Trg ist im nordwestlichen Teil des Zentrums, wo oben die Seilbahn endet.

Als Meryl Streep in »Sophies Entscheidung« (1982) durch dieses Steintor und vermeintlich durch Warschaus Straßen ging, war sie faktisch in Zagreb. Für diesen Film wurde auch außerhalb Zagrebs gedreht, im Schloss Reiser. Aber als James Bond in »Liebesgrüße aus Moskau« (1963) in Zagreb eintrifft, ist er wirklich in Zagreb.

Auch für Günter Grass' »Blechtrommel« wurden einige Szenen in Zagreb gedreht, im Stadtteil Črnomerec, vor den ehemaligen Kasernen. Heute sind in den Gebäuden keine Soldaten mehr untergebracht, sondern staatliche Büros. Jackie Chan liefert sich in »Der rechte Arm der Götter« (1986) eine Verfolgungsjagd mit den Bösewichten durch Zagrebs Straßen. Am Dolac, dem Marktplatz, fand für diesen Film ebenfalls reichlich Action statt. Und hinter Anthony Perkins sieht man in »Der Prozess« die Zagreber Kathedrale. Orson Welles verfilmte Kafkas Roman 1962, wobei Zagreb einer von mehreren Drehorten war.

Adresse Kamenita ulica bb, 10000 Zagreb | **ÖPNV** Tramlinien 1, 6, 11, 12, 14, 17, Station Trg bana Josipa Jelačića, am nordwestlichen Teil des Hauptplatzes die Radićeva ulica 200 Meter Richtung Norden gehen | **Tipp** Schräg gegenüber ist ein kleines Museum der 1980er Jahre. Konzipiert ist es wie eine Wohnung, und in den Räumen sind die entsprechenden Retro-Gegenstände zu sehen. Im Flur steht der kleine Zastava 750, ein über Jahrzehnte beliebtes Auto, weil sparsam und parktauglich (80's Museum, Radićeva ulica 34, 1. Stock).

101 Die Gaslaternen

Das Licht der Nostalgie

Wie vielschichtig und widersprüchlich Kroatien manchmal sein kann, zeigt sich wohl am besten in der Hauptstadt. Zagreb ist sowohl traditionell und bürgerlich als auch stylish und cool. Die Mischung gelingt auch deshalb, weil Zagreb sich nicht verstellt, sondern in seinen Veränderungsprozessen stets authentisch geblieben ist. Und manches will man gar nicht ändern. Ein Beispiel sind die Gaslaternen.

Einige europäische Städte haben sie noch. In Zagreb werden die Gaslaternen allerdings noch per Hand angezündet. Der Beruf des Laternenanzünders ist eigentlich ausgestorben, nicht aber in Zagreb. Jeden Abend machen sich Josip Kufner und Saša Alavanja auf zu ihrer Route in Gornji grad (Oberstadt) und zünden die 214 Gaslaternen an. 2,5 Stunden brauchen sie im Durchschnitt dafür, der Fußweg ist etwa sieben Kilometer lang. Die beiden Herren machen diesen Job seit vielen Jahren. Jede Laterne ist mit einer Nummer versehen. Sie kennen jede einzelne auswendig und können sie zuordnen. Hin und wieder wird eine während eines Sturms beschädigt. Das passiert aber zum Glück nicht oft. Sie sind robuster, als sie aussehen.

Die ersten 364 Gaslaternen bekam Zagreb 1863, im Laufe der nächsten Jahrzehnte wuchs die Zahl stetig. Zu Anfang des Ersten Weltkriegs war Zagreb mit über 1.500 Gaslaternen ausgestattet. Aber wie überall auf der Welt wurden sie bald durch elektrische Beleuchtung ersetzt. Von nun an schrumpfte die Zahl der Gaslaternen in rasendem Tempo – aber gänzlich aufgeben wollte man sie in Zagreb nicht.

Auf der Opatovina ulica und der Parallelstraße Kaptol gibt es sie noch. Zweifellos das beste Zuhause für die Gaslampen, denn der Stadtteil Gornji grad verströmt von Haus aus Nostalgie und die Erinnerung an alte Zeiten. Abends, wenn man hier unter dem Gaslicht schlendert, kann man sich Zagreb, so wie es früher einmal war, ganz gut vorstellen.

Adresse Opatovina ulica und Kaptol, 10000 Zagreb | **ÖPNV** Tramlinien 1, 6, 11, 12, 14, 17, Station Trg bana Josipa Jelačića (in nördliche Richtung zum Marktplatz Dolac gehen, hier führt eine Treppe nach oben, direkt in die Opatovina ulica, Kaptol ist die Parallelstraße östlich der Opatovina) | **Tipp** Tagsüber lohnt sich ein Besuch in der Pekara Trajković, der ältesten Bäckerei Zagrebs, die seit 1925 konstant in Betrieb ist. Bekannt ist sie für Qualität und traditionelle Zubereitungsarten. Das Brot wird im Holzofen und auf Dampf gegart, im Angebot findet sich auch glutenfreie Ware (Nova ves 70).

102 Die Hunde-Gedenktafel

Treue bis in den Tod

Dass die Verbindung zwischen Mensch und Hund schon immer eine besondere war, zeigt einmal mehr diese Gedenktafel für einen Hund namens Pluto.

Im Jahr 1898 wurde mit dem Bau der ersten Bank Kroatiens begonnen (Oktogon an der Ilica). Der Architekt hieß Josip Vancaš. Während der Arbeiten tauchte ein Straßenhund an der Baustelle auf. Er wirkte ausgehungert und verschreckt. Die Bauarbeiter gaben ihm etwas von ihren Brotzeiten ab, stellten ihm Wasser hin und versorgten ihn mit den langersehnten Streicheleinheiten. Der Hund kam daraufhin regelmäßig, bis die Baustelle irgendwann sein Zuhause wurde. Den Namen Pluto gab ihm vermutlich der Architekt Vancaš.

Pluto dankte es ihnen mit seiner Treue und der Entschlossenheit, sein Territorium und seine Herren zu verteidigen. Diese Hingebung kostete ihn das Leben, denn aller Wahrscheinlichkeit nach waren es Diebe, die sich wegen des kostbaren Lehms und Tons eines Nachts brutal gegen Pluto zur Wehr setzten und ihn töteten. Am nächsten Morgen fanden die Arbeiter den toten Hund auf dem Baugelände. Es brach ihnen das Herz. Sie beerdigten ihn und beschlossen, gemeinsam mit Vancaš, für ihren treuen Gefährten eine Gedenktafel anfertigen zu lassen. Tragischerweise kam der Hund ums Leben, als sich die Bauarbeiten schon dem Ende näherten.

Die Gedenktafel befand sich all die Jahre im Hof der Bank, und kaum jemand wusste um sie. Ivan Brnčić, der eine Facebook-Gruppe über die Stadt Zagreb führt, engagierte sich – und so erfuhr auch Bürgermeister Milan Bandić von dieser Geschichte. Seit April 2013 befindet sich die Gedenktafel nun nicht mehr in einem Hof, sondern prangt an der Hauswand und ist für jeden sichtbar.

Unter der Tafel werden die Ereignisse kurz geschildert. Sie ist zum Andenken für den »Beschützer und Freund« angebracht, heißt es dort abschließend.

Adresse Bogovićeva ulica, 10000 Zagreb | ÖPNV Tramlinien 1, 6, 11, 12, 14, 17, Station Trg bana Josipa Jelačića, zu Fuß in südwestliche Richtung, von der Ilica links in die Ulica Frane Petrića, dann links in Bogovićeva ulica und ein Stück geradeaus, die Gedenktafel ist auf der rechten Seite | Tipp Auf dem Weg zurück zum Hauptplatz empfiehlt es sich, im Geschenkeladen »Soho« vorbeizuschauen, wo es ausgefallene und schräge Mitbringsel gibt (Frana Petrića 2).

103 Das Kindertheater Trešnja

Von Kindern und Eltern geliebt

Es ist das größte Kindertheater Kroatiens. Aufführungen finden fast täglich statt. Im Laufe der Jahre gab es mehrere Namenswechsel, seit 1986 heißt es Kazalište Trešnja (Theater Kirsche). Mehrere Generationen haben hier schöne Stunden ihrer Kindheit verbracht, und die Kinder von damals kommen heute mit ihren Enkeln ins Trešnja. Die Aufführungen finden natürlich auf Kroatisch statt, doch gelegentlich gibt es auch Ballett- oder Musicalaufführungen. Das Programm ist breit gefächert, von Grimms Märchen über Anne Frank bis zu modernen Stücken mit aktueller Thematik. Meistens heiter und spannend, doch auch vor ernsten Themen scheut man sich nicht.

Die Entstehungsgeschichte des Kindertheaters begann 1954, damals als Amateurtheater. Die erste Aufführung war Rotkäppchen. In der 1960er Jahren entwickelte sich das Kindertheater und wurde in jeder Hinsicht professioneller. Unzählige Preise haben die Künstler des Trešnja bis heute erhalten. Die renommiertesten Schauspieler des Landes treten dort auf. Das Programm wird stetig erweitert, und manchmal gibt es Spezielles, wie zum Beispiel mehrstündige Führungen für Schulklassen, wobei ein Blick hinter die Kulissen gewährt wird.

Viel Herzblut, Leidenschaft und Disziplin früherer und heutiger Theaterleute waren notwendig, um das Theater aufzubauen. Das Aussehen des Gebäudes ist sozusagen das Sahnehäubchen des gesamten Konzepts. Im Jahr 1989 wurde der Architekt Andrija Mutnjaković beauftragt, er verlieh dem Theater sein heutiges Gesicht. Allerdings dauerte es zehn Jahre bis zur Fertigstellung, bedingt durch den Krieg. Schließlich war Mutnjakovićs Projekt 1999 abgeschlossen. Das Gebäude wirkt nicht nur wegen seiner Farben bunt und fröhlich, beinahe pompös. Da es freistehend ist und nicht Teil einer Häuserzeile, ist das Theater praktisch unübersehbar.

Adresse Kazalište Trešnja, Mošćenička ulica 1, 10000 Zagreb, www.kazaliste-tresnja.hr | ÖPNV Tramlinie 12 Richtung Ljubljanica, Station Selska aussteigen, Richtung Süden in die Selska cesta gehen, nach 250 Metern auf der rechten Seite | Öffnungszeiten Kasse für den Kartenverkauf: Di 9–16 Uhr, Mi–Fr 12–19 Uhr, Sa 10–13 Uhr, Sa und So 2 Stunden vor Beginn der Vorstellung | Tipp Das Museum der Illusionen ist für Kinder, Jugendliche und Erwachsene gleichermaßen ein Erlebnis (Ilica 72, Linie 1, 6 oder 11, an der Station Britanski trg aussteigen und auf der Ilica 150 Meter Richtung Osten gehen).

104_Die meteorologische Säule

Die Zeit dieser Uhr ist längst nicht abgelaufen

Adolf Holzer war Militärarzt und Hobbymeteorologe. Er schenkte diese Uhr der Stadt Zagreb, wo er auch lebte und arbeitete. Die Säule wurde von Hermann Bollé entworfen, einem Architekten deutsch-französischer Herkunft. Zunächst ging Bollé auf Initiative von Bischof Strossmayer nach Đakovo, konzipierte und leitete den Bau der Kathedrale. Später kam er nach Zagreb und wurde zum berühmtesten und wichtigsten Architekten der Stadt. Seine größten Projekte sind die Restauration der Kathedrale und der Friedhof Mirogoj, zweifellos einer der schönsten Europas. Bollé fühlte sich in Zagreb heimisch und blieb bis zu seinem Tod. Beigesetzt ist er selbstverständlich auf Mirogoj, seinem Lebenswerk.

Die Säule ist aus istrischem Marmor, die Uhr stammt von einem Zagreber Uhrmacher namens König. Die meteorologischen Instrumente wurden in Göttingen bestellt. Bis Ende des 20. Jahrhunderts wurden noch allabendlich Rollos über das Frontteil gelassen, die man morgens wieder hochzog.

Die Familie Lebarović überwacht seit mehreren Generationen einige der städtischen Uhren. So zum Beispiel die am Trg bana Josipa Jelačića und seit 1960 auch das Uhrwerk der meteorologischen Säule. Es wird regelmäßig kontrolliert und aufgezogen. Auch wenn alle Mechanismen der meteorologischen Säule noch immer einwandfrei funktionieren, entspricht das schöne Stück nicht den heutigen meteorologischen Standards. Deshalb werden die Anzeigen an der Säule nicht offiziell genutzt. Die Angaben von Luftfeuchtigkeit, Luftdruck und Kältegrad sind korrekt, doch steht die meteorologische Säule letztendlich aus nostalgischen Gründen an ihrem Platz. Eine Besonderheit ist der Stundenzeiger der Uhr. Er dreht sich nicht zweimal in 24 Stunden um das Zifferblatt, sondern nur einmal.

Adresse Park Zrinjevac, 10000 Zagreb | **ÖPNV** Tramlinien 1, 6, 11, 12, 14, 17, Station Trg bana Josipa Jelačića, am südöstlichen Teil des Hauptplatzes rechts in die Praška ulica gehen, nach 120 Metern die Straße überqueren und links zum Parkeingang gehen, die Säule steht am Eingang | **Tipp** Ein paar Schritte weiter südlich, auf der rechten Seite, sieht man eine Fontäne. Sie wurde ebenfalls von Hermann Bollé entworfen. Wegen ihrer Form wird sie liebevoll Bollés Pilz genannt. Der Pavillon ein wenig weiter südlich stammt ebenfalls von Hermann Bollé. Manchmal finden hier Konzerte statt.

105_ Das Museum der zerbrochenen Beziehungen

Wo Exhibitionismus und Neugier aufeinandertreffen

Als die Künstler Olinka Vištica und Dražen Grubišić 2003 nach vier Jahren ihre Beziehung beendeten, konnten sie nicht ahnen, dass dieses schmerzhafte Kapitel der Anfang einer Erfolgsgeschichte werden würde. Sie fragten sich, was mit all den Gegenständen geschehen sollte, die sich während ihrer Beziehung angesammelt hatten. Bereits zu diesem Zeitpunkt stand die Idee eines Museums im Raum. Wenige Jahre später griffen sie die Idee wieder auf, wandten sich an Freunde und Bekannte und baten um Gegenstände, die aus gescheiterten Beziehungen stammten.

Schließlich starteten die beiden 2006 mit einer Ausstellung, die sie in vielen Städten Europas, in Asien, den USA und Südamerika präsentierten. Das Interesse und die Besucherzahlen waren jedes Mal groß, sodass sich das Projekt 2010 zu einem Museum entwickelte. Das erste in Zagreb, das von privater Hand geführt wird. Die Erfolgsgeschichte ist noch nicht zu Ende. Vištica und Grubišić erhielten den Kenneth Hudson Preis für das innovativste Museum Europas, und sie verkauften eine Lizenz nach Los Angeles. Außerdem eröffneten sie gemeinsam das Brokenships Bistro.

Im Museum ist neben jedem Ausstellungsstück auf Kroatisch und Englisch die Geschichte des Exponats aus der Ich-Perspektive zusammengefasst. Die Geschichten sind witzig, traurig, schräg, originell, alltäglich, schockierend … Sie kommen aus allen Teilen der Welt. Es finden sich Garagenschlüssel, Pflaster, Briefe, Schuhe, Gerichtsvorladungen oder eine Axt. Berührend sind besonders die Gegenstände und Geschichten von Kindern. Was vom Elternteil blieb, bevor er/sie die Familie verließ oder starb. Der Besuch ist gewissermaßen ein Wechselbad der Gefühle. Auf jeden Fall sehenswert!

Adresse Museum of Broken Relationships, Ulica sv. Ćirila i Metoda 2, 10000 Zagreb, www.brokenships.com | ÖPNV Tramlinien 1, 6, 11, 12, 14, 17, Station Trg bana Josipa Jelačića, nach Westen in die Straße Ilica gehen, nach 250 Metern rechts zur Seilbahn (mit 66 Metern die kürzeste der Welt), oben angekommen 30 Meter in nördliche Richtung, das Museum ist auf der rechten Seite | Öffnungszeiten Juni – Sept. täglich 9 – 22.30 Uhr; Okt. – Mai täglich 9 – 21 Uhr | Tipp Von der Kula Lotrščak hat man eine wunderbare Aussicht. Um 12 Uhr mittags wird aus dem vierten Stock die Kanone abgefeuert (vom Museum 20 Meter Richtung Süden gehen, an der Seilbahn).

106 Das Šenoa-Denkmal

Ein großer Schriftsteller – und ein echter Zagreber

Die Bronzestatue ist ein Werk der Bildhauerin Marija Ujević-Galetović. Leger lässt sie August Šenoa (1838–1881) an der Säule lehnen, in die eines seiner Gedichte eingraviert ist: »Zagrebu« (Für Zagreb). Šenoa war vieles: Dichter, Feuilletonist, Romanautor, Notar, Richter, Redakteur, Übersetzer, Theaterkritiker … und ein überzeugter Zagreber. In Kroatien gilt er als einer der bedeutendsten Schriftsteller, die Zeit seines Wirkens wird als Šenoa-Epoche bezeichnet.

Sein vollständiger Name war August Ivan Nepomuk Eduard Šenoa. Er entstammte einer tschechisch-deutschen Familie. In Kroatien wird vermutet, dass die Familie ursprünglich Schönoa oder ähnlich hieß, doch könnte es auch Schönauer gewesen sein. Die ersten Lebensjahre sprach er nur Deutsch, da seine Eltern kein Kroatisch konnten. Er war, was man heute wohl hochbegabt nennen würde. Auf dem Gymnasium glänzte er mit Bestnoten. Später studierte er Medizin, brach jedoch ab und absolvierte ein Jurastudium. Sprachen lernte er begierig und schnell. Außer Kroatisch und Deutsch konnte er Tschechisch, Ungarisch, Griechisch, Latein, Italienisch und Französisch. Seine Werte und Überzeugungen verteidigte er leidenschaftlich. Er wehrte sich entschieden gegen die Germanisierung an den Schulen, da Deutsch zu jener Zeit offizielle Unterrichtssprache war.

Nach dem großen Erdbeben 1880 engagierte er sich für Zagreb und seine Einwohner und zog sich dabei eine Lungenentzündung zu, von der er sich nicht wieder erholte. Im darauffolgenden Jahr starb er.

August Šenoa liebte Zagreb – und Zagreb liebte ihn. An seiner Beisetzung nahmen 6.000 Menschen teil. Das Denkmal steht am Anfang der Vlaška ulica, in der Straße, in der Šenoa geboren wurde (Hausnummer 43) und seine ersten Lebensjahre verbrachte. In dem Gedicht, das auf der Säule zu lesen ist, nennt er seine Stadt »lebendig, stolz, stark, trotzig«. Besser könnte man Zagreb nicht beschreiben.

Adresse Ecke Vlaška ulica/Ulica Jurja Branjuga | ÖPNV Tramlinien 1, 6, 11, 12, 14, 17, Station Trg bana Josipa Jelačića, nordöstlich des Hauptplatzes auf Ulica Augusta Cesarca, die nach 100 Metern in Vlaška ulica übergeht, nach weiteren 100 Metern links auf Palmotićeva ulica und 30 Meter geradeaus, das Denkmal ist auf der rechten Seite | Tipp Im kleinen, vegetarischen Restaurant Vegehop gibt es köstliche Gerichte zu moderaten Preisen. Geöffnet hat es am Wochenende 12 bis 20 Uhr, werktags eine Stunde länger (Vlaška ulica 79).

107__Das Silent Caffe

Eine Oase der Ruhe in der Innenstadt

In diesem Café ist die Hälfte des Servicepersonals taub. »Taube Menschen können alles außer hören« steht auf Kroatisch an der Wand des Silent Caffes. Und taube Menschen haben die gleichen Wünsche und Bedürfnisse – etwas Nützliches zu tun und für ihren Lebensunterhalt zu sorgen. Die Idee zu diesem Café entstand aufgrund der Tatsache, dass taube Menschen oft nur schwer einen Job finden. Das ist besonders in Berufsfeldern der Fall, die Kommunikation erfordern. Deshalb bedienen sie Maschinen, arbeiten in Lagerhallen oder tun Ähnliches, das keine Kommunikation erfordert. Sie können nur selten den Beruf ausüben, der ihnen Spaß macht. Wenn sie doch einmal in der Gastronomie zu finden sind, dann als Aushilfen hinter dem Tresen oder in der Küche. Es gibt bereits Cafés oder Restaurants dieser Art im Ausland. In Kroatien ist es das erste mit einem solchen Konzept, und hoffentlich nicht das letzte. Das Projekt entstand durch das Engagement einer Non-Profit-Gesellschaft, die aus der Vereinigung schwerhöriger und tauber Menschen entstand. Die Stadt Zagreb hat das Projekt finanziell unterstützt, sodass es das erste Gründungsjahr gut überstehen konnte.

Die Tatsache, dass das Servicepersonal taub ist, stellt für den Gast keinerlei Problem dar. Auf den Tischen finden sich Tablets, über die bestellt werden kann. Oder man zeigt einfach auf der Karte, was man haben möchte.

So wie das Servicepersonal, sind auch die Gäste gemischt. Manche sind taub, andere nicht. Es sind viele Leute hier, die in Gebärdensprache miteinander kommunizieren, auch wegen der räumlichen Nähe zum Verein tauber Menschen. Draußen finden sich ausreichend Tische. Sie stehen zwischen Gehweg und Straße, aber das stört überhaupt nicht, weil das Silent Caffe etwas von einer Oase hat. Das Innere des Cafés ist geschmackvoll und gemütlich – und hat definitiv nettes Personal.

Adresse Silent caffe, Ulica kneza Mislava 7, 10000 Zagreb | ÖPNV Tramlinien 1 oder 17 Richtung Borongaj, Station Trg Žrtava fašizma, südwestlich zur Ulica kneza Mislava gehen, nach 100 Metern ist das Café auf der rechten Seite | Öffnungszeiten Mo–Sa 7–23 Uhr | Tipp Nur 300 Meter entfernt ist das Blindenmuseum, in dem anschaulich das Leben blinder Menschen dargestellt und nachempfunden wird. Ausgestellt sind auch die Werke von Sanja Fališevac, einer blinden und tauben Künstlerin (Tiflološki muzej, Draškovićeva ulica 80, von Ulica kneza Mislava links in die Draškovićeva einbiegen).

108__Das Technicolor Dream

Der schlafende Junge an der Mauer

Lonac alias Tomislav Lončarić gilt als Ausnahmetalent unter den Street-Art-Künstlern. Sein Pseudonym »Lonac« bedeutet übersetzt Kochtopf, was allerdings nichts mit dem Küchenutensil zu tun hat, sondern sich von seinem Nachnamen ableitet. Als Schüler, in den 1990er Jahren, entdeckte er in seiner Heimatstadt Zagreb das Graffiti und wurde dadurch inspiriert. Und das zu einer Zeit, als der Begriff Street-Art noch kaum präsent war und Graffiti als Vandalismus galt. Doch Lonac ist kein Graffiti-, sondern ein Mural-Künstler.

Seine Werke gleichen manchmal Gemälden und zieren nicht nur europäische, sondern auch amerikanische Straßen. Die Bilder sind mit größter Präzision gefertigt, in stimmigen Farben. Er male auf klassische Art, nur eben mit Spraydose und freihändig, also ohne Hilfsmittel, auf großen Flächen. Das Atelier sei nicht seine Welt, sondern die Straße, ganz im Sinne des Mural, weil die Straße für ihn die ehrlichste Art sei, seine Kunst zu präsentieren. Der freie Zugang zu seiner Kunst und sein persönliches Bedürfnis nach Freiheit – das sei ihm wichtig. Immer ist er auf der Suche nach verlassenen Gebäuden oder alten Hauswänden, die eine Geschichte zu erzählen haben.

Die Murals (span. Murales) entstanden in den 1920er Jahren in Mexiko, das Graffiti etwa 40 Jahre später in den USA. In Lonacs Werken gibt es keine politischen Botschaften oder Haltungen.

Einen größeren Bekanntheitsgrad erzielte er mit seinem Werk »HeArtbeats«. Ein Herz, bei dem zwei Lüftungsrohre das Blut in das pulsierende Organ pumpen. Neben dem Technicolor Dream, das einen schlafenden Jungen zeigt, gibt es an der Seitenwand ein anderes Mural von Lonac, das einen Taucher darstellt. Auch bei diesem Bild hat er ein Rohr an der Wand effektiv genutzt.

Normalerweise ist Lonac künstlerisch am liebsten solo unterwegs. Das Mural Technicolor Dream schuf er allerdings gemeinsam mit dem Street-Art-Künstler Chez186.

Adresse Savska cesta bb (südlich des Westin Hotel), 10000 Zagreb | ÖPNV Straßenbahnen 12, 13, 14, 17, Station Vodnikova, Straße überqueren und rechts in die Savska cesta gehen, nach wenigen Schritten auf der linken Seite in den Hof hineingehen | Tipp Lonacs Vielseitigkeit und Experimentierfreude zeigen sich auch auf der Hauswand der Kreuzung Petrinjska ulica/Ulica Ignjata Đorđića. Hier hat der Künstler Muscheln als Motiv gewählt.

109 Die Trauerweiden

Prachtvolle Bäume inmitten von Beton

Die Siedlung Vrbani bietet manchmal ein skurriles Bild. Viele unterschiedliche Baumsorten zwischen ebenso vielen Mietshäusern. Dieser Stadtteil ist innerhalb weniger Jahrzehnte hochgezogen worden, weshalb Plattenbausiedlungen unvermeidlich waren. Doch die Bäume verströmen viel Freundlichkeit.

Man könnte meinen, der Name Vrbani sei vom Wort »vrba« (Weide) abgeleitet worden, da hier einige Trauerweiden stehen. Tatsächlich verdankt der Stadtteil den Namen einer alteingesessenen Familie namens Vrban. Hier ging es damals noch beschaulich zu, inmitten schöner Natur, Wiesen und Feldern – und vieler Bäume. Die Industrialisierung brachte es mit sich, dass die Menschen in die Städte strömten. Man brauchte Wohnraum. In der zweiten Hälfte des 20. Jahrhunderts wurde viel und schnell gebaut.

Trotzdem findet sich in Vrbani immer noch viel Natur, sogar entlang der breiten Straßen. Die Trauerweiden inmitten von Höfen oder Parkplätzen sind ein Beispiel. Es gibt hier auch viele Pappeln (die ebenfalls zu den Weidegewächsen gehören), Eichen, Buchen, Ahorne, aber auch Walnuss- und Birnenbäume.

Schwer zu sagen, wann ein Spaziergang durch Vrbani am besten ist. Im Frühjahr, wenn alles blüht, oder im Herbst mit all den verschiedenfarbigen Blättern. Der Winter setzt den Bäumen manchmal zu. Die Äste werden morsch, und die Gefahr steigt, dass Menschen verletzt werden. Aber auch Beschädigungen an geparkten Autos sind schon vorgekommen. Manche Bäume müssen bedauerlicherweise wegen Pilzbefalls entfernt werden. Auch wenn sich der eine oder andere Zagreber dagegen wehrt und sich für »seinen« Baum einsetzt (weil er ein Leben lang vor seinem Fenster stand oder er als Kind auf ihn geklettert ist), sieht die Stadt sich doch gezwungen, Rationalität über Sentimentalität zu stellen. Aber solange es noch viele von ihnen gibt, ist ein Abstecher nach Vrbani eine schöne Erfahrung.

Adresse Ecke Horvaćanska cesta/Ulica Hrvatskog Sokola, 10000 Zagreb | **ÖPNV** Tramlinien 5, 17, Richtung Prečko, Station Jarun | **Tipp** Der Jarun-See ist eine Entspannungsoase mitten in der Stadt, mitsamt kleiner Inseln. Hier fanden Weltmeisterschaften im Kanurennen und Rudern statt (Ulica Hrvatskog Sokola in südliche Richtung, circa 500 Meter, bis man direkt zum See kommt).

110 Der Vintage Circus

Der Name der Boutique ist Programm

Eine Affinität zu Mode hatte man in Kroatien schon immer. Das sieht man übrigens auch an der Tracht, die in allen Regionen viel Liebe zu Details und Farben zeigt.

Bis Ende des 20. Jahrhunderts fuhren die Kroaten zum Einkaufen nach Italien, da die Auswahl zu Hause sowohl überschaubar als auch langweilig war. Oder für die meisten schlicht zu teuer. Seit Anfang der 2000er Jahre gibt es die ausländischen Ketten, die für erschwingliches Einerlei sorgen. Doch gibt es auch genügend individuelle Läden, die sich nicht jedem Trend unterwerfen, besonders in Zagreb, Split und Rijeka. Die Unterschiede in Stil und Preis können von Boutique zu Boutique stark variieren.

Die Besitzerin des Vintage Circus, Lidija Bošnjak, hat eine Ausbildung in Modedesign. Sie nähte zunächst Kleidung für ihre Freundin, die eine Boutique besaß. Ihre Stücke waren begehrt, weshalb sie sich entschloss, ihr eigenes Geschäft zu eröffnen. Also setzte sie ihr Erspartes ein und bekam einen staatlichen Zuschuss für Gründer.

Sie möchte ihre Kundinnen darin unterstützen, sich nicht zu verstecken. Das merkt man dem Sortiment überdeutlich an. Die Kleidung und Accessoires sind eigen und durchaus originell. Sie scheinen auf ein jüngeres Publikum ausgerichtet, doch sagt Lidija Bošnak, dass es unter ihren Stammkundinnen auch Ärztinnen und Anwältinnen gibt, die in ihrer Freizeit gerne in die Kleider des Vintage Circus schlüpfen.

Erfreulich ist die Tatsache, dass die Ware in dieser Boutique absolut bezahlbar ist. Dabei lege sie großen Wert auf Qualität, sagt die Besitzerin. Sie beschäftigt zwei Näherinnen, die die Unikate für den Vintage Circus herstellen. Und ihr Parfum »My Mellow« verdient ebenfalls Beachtung. Es duftet unter anderem nach Jasmin und weißer Rose.

Adresse Vintage Circus, Jurišićeva 10, 10000 Zagreb, www.vintage-circus.hr | ÖPNV Tramlinien 1, 6, 11, 12, 14, 17, Station Trg bana Josipa Jelačića, südöstlich des Hauptplatzes beginnt die Jurišićeva ulica, dieser Straße 150 Meter folgen | Öffnungszeiten Mo – Fr 10 – 20 Uhr, Sa 9 – 17 Uhr | Tipp Das Geschäft Kravata, in der Radićeva ulica 13, ist nach eigener Aussage der älteste Krawattenhersteller in Kroatien. Die Kroaten gelten als Erfinder der Krawatte, das Wort leitet sich ab von à la croate (Richtung Trg bana Josipa Jelačića und dort am westlichen Teil die Straße Richtung Norden hochgehen).

111 Das Museum der Volksinstrumente

Anspruchsvolle Kunstwerke der regionalen Musik

Istriens Musik kann in fremden Ohren seltsam klingen. Möglicherweise liegt das daran, dass sie den Menschen außerhalb Istriens kaum und außerhalb Kroatiens so gut wie gar nicht bekannt ist. Das Museum ist auch in der Absicht entstanden, bei der hiesigen Bevölkerung die traditionelle Musik nicht in Vergessenheit geraten zu lassen. Die Musikinstrumente sind Teil der Kultur und Identität, aber die jüngeren Generationen haben dafür nur noch bedingt Interesse. Im Museum sind sowohl Musikinstrumente als auch Werkzeuge zu ihrer Herstellung ausgestellt.

Das Museum in Završje ist Ottavio Štokovac gewidmet, einem Musikinstrumentenbauer. Er stammt aus einer Familie von Wagenbauern, machte eine Lehre als Schreiner und begann bereits in jungen Jahren mit der Herstellung von Violinen und Bajs – ein Instrument, das grob umschrieben etwas zwischen Violine und Kontrabass ist. Eine Cindra dagegen hat etwas von einer Gitarre, wobei eine elektrische Cindra an ein Banjo erinnert. Übrigens hat auch die Mundharmonika in Istrien einen hohen Stellenwert.

Wenn man nicht aus der Region stammt, braucht man ein wenig, um den Überblick zu behalten. Nehmen wir als Beispiel die Roženice, ein Blasinstrument aus Holz. Es gibt sie in zwei Größen, häufig werden sie paarweise gespielt, wobei ein Musiker die große und der andere die kleine spielt. Roženice heißt es von Mittel- bis Südistrien, andernorts sagt man Sopele. Da das Instrument aber bis zur Region Kvarner verbreitet und besonders auf Krk beliebt ist, heißt es dort Sopila. Wer sich nicht auskennt, könnte die Roženice mit der Šurle verwechseln … Für die Bewohner Istriens sind dies zu Recht Fehler, die einer Berichtigung bedürfen. Für alle anderen: einfach zuhören und genießen.

Adresse Muzej glazbenih instrumenata, Završje bb, 52429 Završje (circa 200 Meter südlich des Kastells) | **Anfahrt** D 44, dann der Beschilderung nach Završje folgen (ab der Hauptstraße sind es noch circa 5 Kilometer), beim Ortseingang von der Frontseite der Kirche rechts in die Straße einbiegen und geraudeaus, bei der Gabelung links hochgehen, auf der rechten Seite | **Öffnungszeiten** Di, Fr, So 10.30–13 Uhr, Do 17–19.30 Uhr (kann variieren), Infos auf www.groznjan-grisignana.hr/index.php/hr/kontakt | **Tipp** Ein Spaziergang über die Romanische Straße (Romanička ulica) führt zwar etwas bergauf, ist aber eine märchenhafte Route. Auch auf diesem Weg kommt man zum Museum (Wegweiser am Ortseingang).

Ljubljana
SLOWENIEN
1
Zagreb
UNGARN
SER-
BIEN
KROATIEN
Osijek
Rijeka
3
Pula
Bihać
Banja Luka
2
Doboj
4
Tuzla
BOSNIEN UND
HERZEGOVINA
Zadar
KROATIEN
Sarajevo
Split
6
5
Mostar
ITALIEN
MONTE-
NEGRO
Dubrovnik

UNGARN
2
Slatina
Donji Miholjac
Beli Manastir
N
0
10 km
Valpovo
Orahovica
50
51
52
OSIJEK
SERBIEN
Našice
33
Kutjevo
A5
95
96
58
Vukovar
Požega
8
Pleternica
94
92
Đakovo
93
Vinkovci
21
22
Slavonski Brod
Ilok
A3
73
Otok
Županja
A3
Brčko
BOSNIEN UND
HERZEGOVINA

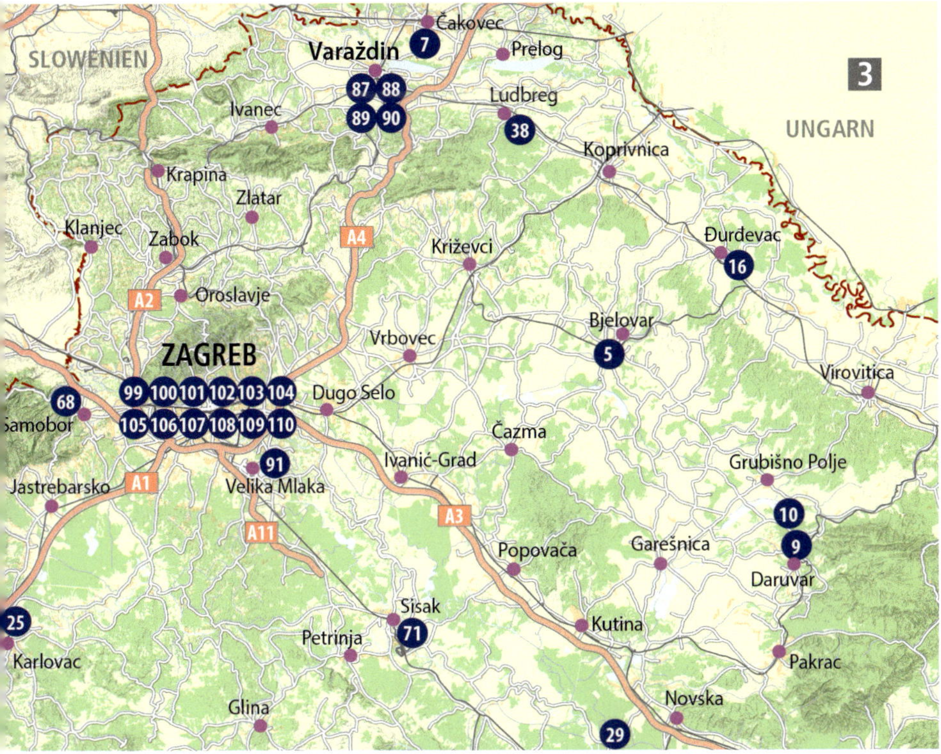
3
SLOWENIEN
UNGARN
Čakovec
7
Varaždin
Prelog
87 88
89 90
Ludbreg
38
Ivanec
Koprivnica
Krapina
Zlatar
A4
Klanjec
Zabok
Križevci
Đurđevac
16
A2
Oroslavje
Bjelovar
5
Vrbovec
ZAGREB
Virovitica
68
99 100 101 102 103 104
105 106 107 108 109 110
Dugo Selo
Samobor
Čazma
91
Ivanić-Grad
Grubišno Polje
Jastrebarsko
A1
Velika Mlaka
A3
10
A11
9
Popovača
Garešnica
Daruvar
Sisak
25
71
Kutina
Petrinja
Karlovac
Pakrac
Glina
Novska
29

SLOWENIEN
60 61 62
Čabar
SLOWENIEN
Ozalj
Koper
63 64 65 66
4
Karlovac
25
A7
Buje
67
Buzet
72
A1
Duga Resa
111
28
26
76
Delnice
A6
Vrbovsko
41
Kastav
RIJEKA
37
47
45
11
49
6
1
Bakar
Lovran
Ogulin
Pazin
Kraljevica
46
86
Poreč
42
20 17
53
A9
57
Crikvenica
A8
35
30
44
Novi Vinodolski
74
Labin
31
32
Rovinj
Slunj
2
18
Krk
69
39
A9
Cres
Senj
Vodnjan
A1
59
PULA
Otočac
85
Rab
N
24
55
56
0
10 km
Novalja
75
Gospić
40
Mali Lošinj
3
84
54

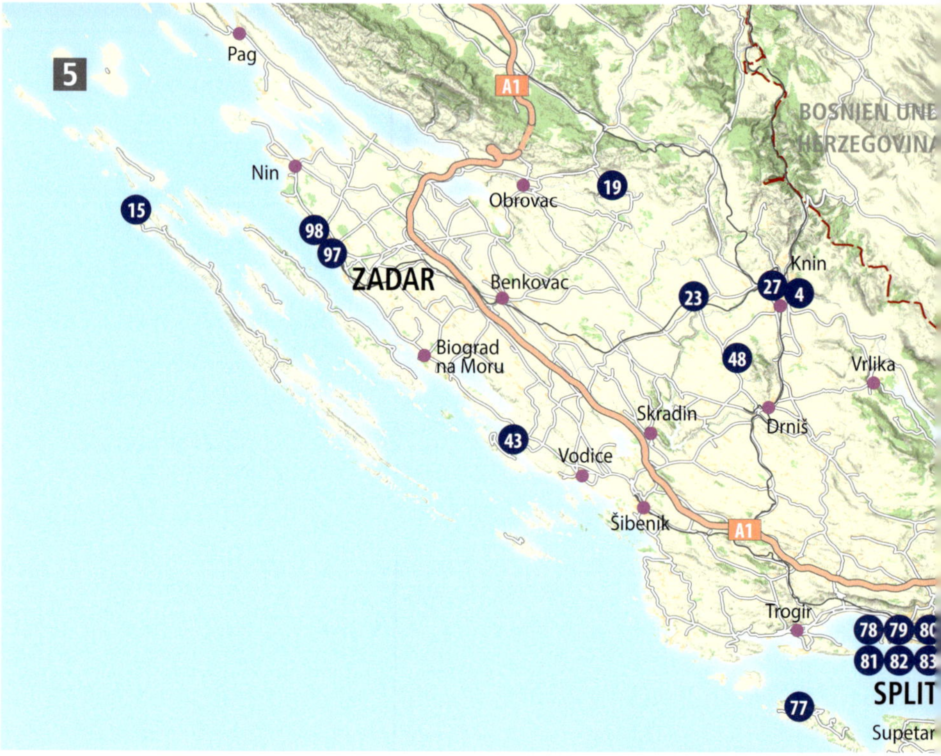

5
Pag
A1
BOSNIEN UND
HERZEGOVINA
Nin
15
19
Obrovac
98
97
ZADAR
Benkovac
Knin
27
4
23
48
Biograd
na Moru
Vrlika
Skradin
Drniš
43
Vodice
Šibenik
A1
Trogir
78
79
80
81
82
83
SPLIT
77
Supetar

6
Trilj
78
79
80
81
82
83
Omiš
Imotski
SPLIT
BOSNIEN UND
HERZEGOVINA
N
0
10 km
Supetar
Makarska
Mostar
A1
Vrgorac
Stari Grad
Hvar
Metković
Ploče
Opuzen
Korčula
34
70
Dubrovnik
13
14
12
36

Cornelia Ziegler,
Chris Sindermann
111 Orte auf Kreta, die man gesehen haben muss
ISBN 978-3-95451-540-0

Halûk Uluhan, Marcus X. Schmid
111 Orte in Istanbul, die man gesehen haben muss
ISBN 978-3-95451-333-8

Alexia Amvrazi, Diana Farr Louis,
Diane Shugart, Yannis Varouhakis
111 Orte in Athen, die man gesehen haben muss
ISBN 978-3-7408-0560-9

Dorothee Fleischmann,
Carolina Kalvelage
111 Orte in Budapest, die man gesehen haben muss
ISBN 978-3-95451-744-2

Andrea Livnat,
Angelika Baumgartner
111 Orte in Tel Aviv, die man gesehen haben muss
ISBN 978-3-95451-703-9

Laszlo Trankovits
111 Orte in Jerusalem, die man gesehen haben muss
ISBN 978-3-7408-0390-2

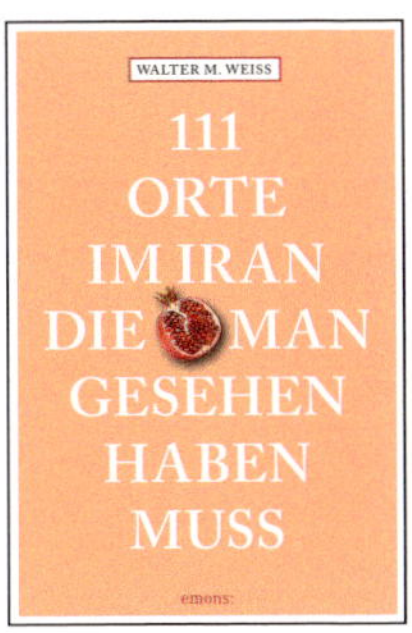

Walter M. Weiss
111 Orte im Iran, die man gesehen haben muss
ISBN 978-3-7408-0402-2

Matěj Černý, Marie Peřinová
111 Orte in Prag, die man gesehen haben muss
ISBN 978-3-95451-927-9

Karl Haimel, Peter Eickhoff
111 Orte in Wien, die man gesehen haben muss
ISBN 978-3-89705-969-6

Stefan Spath
111 Orte in Salzburg, die man gesehen haben muss
ISBN 978-3-95451-114-3

Tarja Prüss, Juha Metso
111 Orte in Helsinki, die man gesehen haben muss
ISBN 978-3-7408-0342-1

Christiane Bröcker,
Babette Schröder
111 Orte in Stockholm, die man gesehen haben muss
ISBN 978-3-95451-203-4

Jan Gralle, Vibe Skytte,
Kurt Rodahl Hoppe
111 Orte in Kopenhagen, die man gesehen haben muss
ISBN 978-3-7408-0243-1

Lucia Jay von Seldeneck,
Verena Eidel, Carolin Huder
111 Orte in Berlin, die man gesehen haben muss
ISBN 978-3-89705-853-8

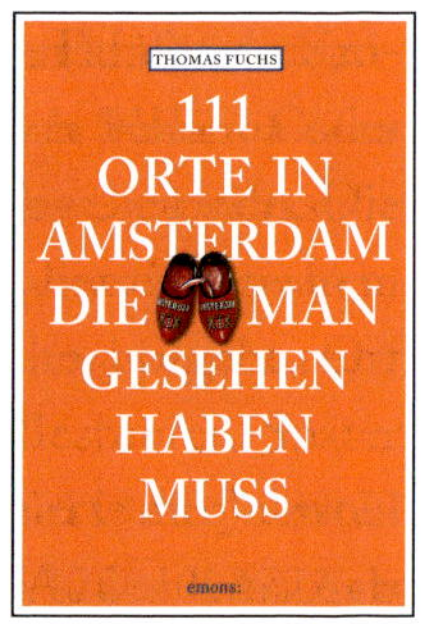

Thomas Fuchs
111 Orte in Amsterdam, die man gesehen haben muss
ISBN 978-3-95451-209-6

Kay Walter, Rüdiger Liedtke
111 Orte in Brüssel, die man gesehen haben muss
ISBN 978-3-7408-0128-1

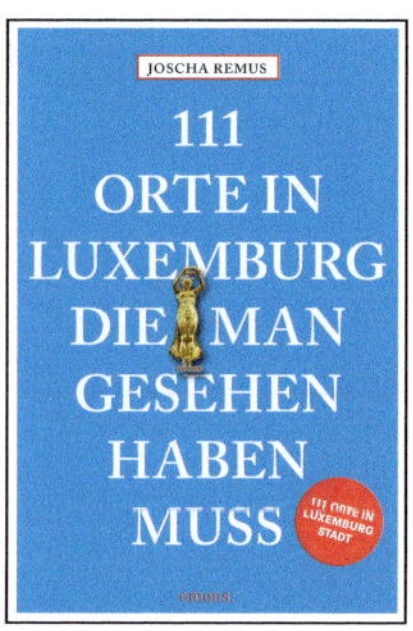

Joscha Remus
111 Orte in Luxemburg (Stadt), die man gesehen haben muss
ISBN 978-3-7408-0363-6

Cornelia Lohs
111 Orte in Bern, die man gesehen haben muss
ISBN 978-3-95451-669-8

Sybil Canac, Renée Grimaud, Katia Thomas
111 Orte in Paris, die man gesehen haben muss
ISBN 978-3-95451-847-0

John Sykes, Birgit Weber
111 Orte in London, die man gesehen haben muss
ISBN 978-3-95451-117-4

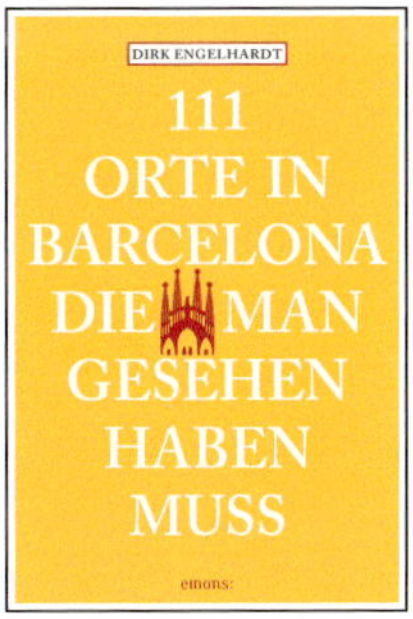

Dirk Engelhardt
111 Orte in Barcelona, die man gesehen haben muss
ISBN 978-3-95451-066-5

Kathleen Becker
111 Orte in Lissabon, die man gesehen haben muss
ISBN 978-3-7408-0244-8

Annett Klingner
111 Orte in Rom, die man gesehen haben muss
ISBN 978-3-95451-219-5

Gerd Wolfgang Sievers
111 Orte in Venedig, die man gesehen haben muss
ISBN 978-3-95451-352-9

Giulia Castelli Gattinara, Mario Verin
111 Orte in Mailand, die man gesehen haben muss
ISBN 978-3-95451-617-9

Oliver Schröter, Falk Saalbach
111 Orte in Zürich, die man gesehen haben muss
ISBN 978-3-95451-538-7

Natalino Russo
111 Orte in Neapel, die man gesehen haben muss
ISBN 978-3-7408-0478-7

Fabrizio Ardito
111 Orte auf Malta, die man gesehen haben muss
ISBN 978-3-7408-0356-8

Frank McNally, Róisín McNally
111 Orte in Dublin, die man gesehen haben muss
ISBN 978-3-95451-853-1

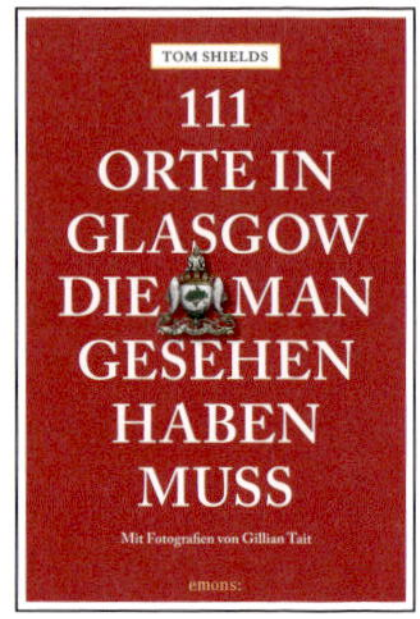

Tom Shields
111 Orte in Glasgow, die man gesehen haben muss
ISBN 978-3-7408-0386-5

Gillian Tait
111 Orte in Edinburgh, die man gesehen haben muss
ISBN 978-3-7408-0476-3

Stefan Spath
111 Orte in Salzburg, die man gesehen haben muss
ISBN 978-3-95451-114-3

Rüdiger Liedtke
111 Orte in München, die man gesehen haben muss
ISBN 978-3-89705-892-7

Rüdiger Liedtke
111 Orte in München, die man gesehen haben muss, Band 2
ISBN 978-3-95451-043-6

Kai Oidtmann
111 Orte in Island, die man gesehen haben muss
ISBN 978-3-95451-829-6

Max Fleschhut
111 Orte auf Elba, die man gesehen haben muss
ISBN 978-3-7408-0587-6

Franz Hlavac, Gisela Hopfmüller
111 Orte in Friaul und Julisch Venetien, die man gesehen haben muss
ISBN 978-3-7408-0575-3

Maurizio Francesconi, Alessandro Martini
111 Orte in Langhe, Roero und Monferrato, die man gesehen haben muss
ISBN 978-3-7408-0474-9

Fabrizio Ardito
111 Orte in Umbrien, die man gesehen haben muss
ISBN 978-3-7408-0238-7

Beate Giacovelli, Gaetano Adragna
111 Orte am Comer See, die man gesehen haben muss
ISBN 978-3-95451-833-3

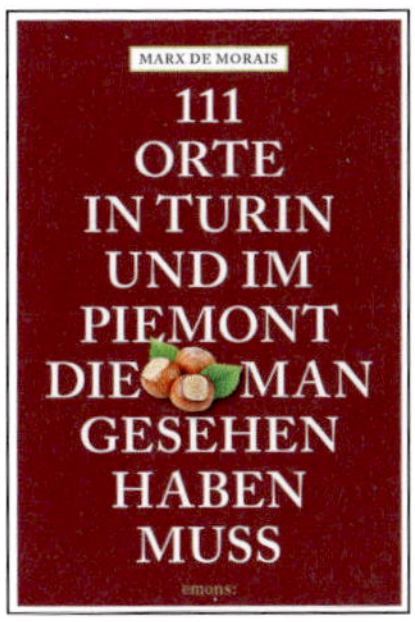

Marx de Morais
111 Orte in Turin und im Piemont, die man gesehen haben muss
ISBN 978-3-95451-736-7

Beate C. Kirchner
111 Orte in Florenz und im Norden der Toskana, die man gesehen haben muss
ISBN 978-3-95451-513-4

Petra Sophia Zimmermann
111 Orte am Gardasee und in Verona, die man gesehen haben muss
ISBN 978-3-95451-344-4

Sabine Gruber, Peter Eickhoff
111 Orte in Südtirol, die man gesehen haben muss
ISBN 978-3-95451-318-5

Jo Berlien, Sabina Paries
111 Orte in Straßburg, die man gesehen haben muss
ISBN 978-3-7408-0576-0

Die Autorin

Ranka Keser wurde in Rijeka geboren und lebt seit ihrer Kindheit in Deutschland. Kroatien fasziniert sie nicht nur, weil sie hier ihre Wurzeln hat, sondern auch wegen seiner Vielfalt und der Kombination aus Lebendigkeit und Gelassenheit. Ranka Keser schreibt Romane und Sachbücher. Sie lebt in München als freie Autorin, reist gerne – auch immer wieder nach Kroatien.